新编应用写作

第三版

主编 邹家梅
编者 陈延河 杨秋 王玛丽 陈江东 张效东

暨南大学出版社
JINAN UNIVERSITY PRESS
中国·广州

图书在版编目（CIP）数据

新编应用写作/邹家梅编著．—3 版．—广州：暨南大学出版社，2010.3
（2011.7 重印）
ISBN 978－7－81135－410－2

Ⅰ．新…　Ⅱ．邹…　Ⅲ．汉语—应用文—写作　Ⅳ．H152.3

中国版本图书馆 CIP 数据核字（2009）第 195658 号

出版发行：暨南大学出版社

地　址：中国广州暨南大学
电　话：总编室（8620）85221601
营销部（8620）85225284　85228291　85228292（邮购）
传　真：（8620）85221583（办公室）　85223774（营销部）
邮　编：510630
网　址：http：//www.jnupress.com　http：//press.jnu.edu.cn

排　版：暨南大学出版社排版设计中心
印　刷：暨南大学印刷厂

开　本：787mm×960mm　1/16
印　张：15.5
字　数：286 千
版　次：2001 年 9 月第 1 版　2010 年 3 月第 3 版
印　次：2011 年 7 月第 13 次
印　数：52001—55000 册

定　价：28.00 元

目 录

第一编 基本理论

第一章 应用文概述 …………………………………………………… (2)
第一节 学习应用写作的意义 ………………………………………… (2)
第二节 应用写作的特性 …………………………………………… (3)
第三节 应用文的作用及学习要求 …………………………………… (4)
第四节 应用文的起草、修改和定稿 ………………………………… (6)

第二章 应用文主题 …………………………………………………… (10)
第一节 什么是主题 ………………………………………………… (10)
第二节 主题形成的特点 …………………………………………… (11)
第三节 确立主题的原则 …………………………………………… (12)
第四节 表现主题的方法 …………………………………………… (14)

第三章 应用文材料 …………………………………………………… (16)
第一节 材料的含义和作用 ………………………………………… (16)
第二节 材料的搜集与整理 ………………………………………… (17)
第三节 材料的选择 ………………………………………………… (19)
第四节 材料的使用 ………………………………………………… (20)

第四章 应用文结构 …………………………………………………… (21)
第一节 文章结构概述 ……………………………………………… (21)
第二节 安排结构的原则 …………………………………………… (22)
第三节 文章结构的内容 …………………………………………… (23)
第四节 安排结构的方法 …………………………………………… (26)

第五章　应用文的语言与表达 …………………………… ([illegible]
　第一节　语言的含义和作用 …………………………… (27)
　第二节　应用文语言的特点 …………………………… (28)
　第三节　应用文语言的要求 …………………………… (29)
　第四节　应用文的表达 …………………………… (31)
　思考与练习 …………………………… (36)

第二编　公文写作

第一章　公文概述 …………………………… (42)
　第一节　公文的概念与特点 …………………………… (42)
　第二节　公文的作用与分类 …………………………… (43)
　第三节　公文的行文规则 …………………………… (45)
　第四节　公文的格式 …………………………… (47)

第二章　命令(令)　决定　公告　通告 …………………………… (54)
　第一节　命令(令) …………………………… (54)
　第二节　决定 …………………………… (58)
　第三节　公告　通告 …………………………… (60)

第三章　通知　通报　议案 …………………………… (65)
　第一节　通知 …………………………… (65)
　第二节　通报 …………………………… (69)
　第三节　议案 …………………………… (72)

第四章　报告　请示　批复 …………………………… (76)
　第一节　报告 …………………………… (76)
　第二节　请示 …………………………… (79)
　第三节　批复 …………………………… (82)

第五章　意见　函　会议纪要 …………………………… (85)
　第一节　意见 …………………………… (85)
　第二节　函 …………………………… (87)

第三节 会议纪要 …………………………………………………… (91)
思考与练习 ……………………………………………………………… (93)

第三编 业务文书

第一章 计划与总结 ……………………………………………… (100)
第一节 计划概述 ……………………………………………… (100)
第二节 计划的写作 …………………………………………… (102)
第三节 总结概述 ……………………………………………… (104)
第四节 总结的写作 …………………………………………… (105)

第二章 调查报告与简报 ……………………………………… (114)
第一节 调查报告概述 ………………………………………… (114)
第二节 调查问卷的拟制 ……………………………………… (116)
第三节 调查报告的写作 ……………………………………… (118)
第四节 简报概述 ……………………………………………… (120)
第五节 简报的写法及要求 …………………………………… (121)

第三章 合同 …………………………………………………… (130)
第一节 合同概述 ……………………………………………… (130)
第二节 合同的内容和写作 …………………………………… (132)
第三节 合同的种类 …………………………………………… (133)
第四节 订立合同的要求 ……………………………………… (136)

第四章 讲话稿 ………………………………………………… (143)
第一节 讲话稿概述 …………………………………………… (143)
第二节 讲话稿的一般写法 …………………………………… (145)
第三节 几种常用讲话稿的写作 ……………………………… (146)

第五章 商品说明书 …………………………………………… (151)
第一节 商品说明书概述 ……………………………………… (151)
第二节 商品说明书的说明方法 ……………………………… (152)
第三节 商品说明书的结构 …………………………………… (155)

第四节　商品说明书的写作要求 …………………………………（156）
思考与练习 ……………………………………………………………（159）

第四编　社交文书

第一章　柬帖与聘书 ………………………………………………（170）
第一节　柬帖 …………………………………………………………（170）
第二节　聘书 …………………………………………………………（173）

第二章　介绍信与推荐信 …………………………………………（176）
第一节　介绍信 ………………………………………………………（176）
第二节　推荐信 ………………………………………………………（179）

第三章　邀请函与咨询函 …………………………………………（183）
第一节　邀请函 ………………………………………………………（183）
第二节　咨询函 ………………………………………………………（186）

第四章　倡议书与申请书 …………………………………………（189）
第一节　倡议书 ………………………………………………………（189）
第二节　申请书 ………………………………………………………（192）

第五章　求职信与感谢信 …………………………………………（195）
第一节　求职信 ………………………………………………………（195）
第二节　感谢信 ………………………………………………………（197）
思考与练习 ……………………………………………………………（200）

第五编　网络写作

第一章　网络写作概述 ……………………………………………（204）
第一节　网络写作的定义及与传统应用写作的关系 ………………（204）
第二节　网络写作的类别和特点 ……………………………………（205）
第三节　网络写作的技术和资源基础 ………………………………（212）

第四节　网络写作特性的技术实现和注意事项 ……………………（215）
第五节　学习网络写作的意义和文明原则 …………………………（217）

第二章　网络写作主要应用 ………………………………………（219）
第一节　网络写作的应用类别和特点 ………………………………（219）
第二节　网站内容发布 ………………………………………………（220）
第三节　即时通信 ……………………………………………………（221）
第四节　短信和电子邮件 ……………………………………………（222）
第五节　论坛和虚拟社区 ……………………………………………（226）
第六节　博客 …………………………………………………………（228）
第七节　威客和维基 …………………………………………………（231）
第八节　网络写作小结 ………………………………………………（232）
思考与练习 ……………………………………………………………（234）

附录　毕业论文的写作 ……………………………………………（237）
后记 …………………………………………………………………（240）
第三版后记 …………………………………………………………（241）

第一编

基本理论

[导言]

本编从文体角度阐述应用写作的基本知识，即应用文概述，应用文主题、材料、结构、语言的特性。了解、掌握这些知识从而指导应用文的写作实践。

第一章　应用文概述

第一节　学习应用写作的意义

应用写作学是研究应用文写作规律的一门学科。应用文是指人们在工作、学习、生活中，处理各项事务所使用的具有规范格式和直接应用价值的行文简约的文体。应用写作与经济写作、新闻写作、科技写作、司法文书写作等专业写作并列，属于写作学科的一个分支。一个人无论学什么专业，担任什么职务，都需要读或写应用文。

早在20世纪80年代，西方发达国家的一些高等院校就已普及了应用文写作教学。如世界著名的哈佛大学、哥伦比亚大学、纽约州立大学等高等院校对写作教学，尤其是应用文写作教学有明确的教学指标要求，并将该课程指定为“核心课程”（比必修课更高一级的课程），可见他们对这门课的重视程度。

从20世纪80年代开始，我国的应用写作教学逐步登上各高等院校讲坛。目前几乎所有高等院校，无论是理工科还是文科，均开设了这门课程。

目前，我国社会主义市场经济建设正向纵深发展，对外交流也日趋频繁，这就要求受过高等教育的各行各业的工作人员能够写出内容扎实、格式规范、结构严谨、文句通顺的应用文。当今社会，随着信息交流现代化、管理工作科学化，应用文写作的内容和形式也在不断地变化，一些旧的文种被淘汰，一些新的文种应运而生。各种应用文的写作除了要适应各项工作的需要之外，还要与国际社会接轨。因此，我们要学好应用写作理论，全面认识应用文的写作规律，了解应用文写作的特殊要求，掌握应用文的写作方法。只有经过课内、课外举一反三的学与练，才能写出规范的、合格的应用文，才能与各专业课的学习相适应、相配合。可以这么说，应用写作能力的高低是一个人综合素质高下的重要反映。应用写作教学是素质教育的基本内容之一。

第二节 应用写作的特性

一、写作目的明确

应用写作的目的十分明确，是直接用来处理实际事务的。正如借钱就得写借条，有凭有据，以便明确借贷关系。文学作品的创作目的没有应用写作明确，作者只是为了反映社会生活、表达某种情感、抒发某种情怀而作，没有明确、具体的实用目的。不同文化层次的人，阅读同一篇文学作品，理解也可能大相径庭，但这并无大碍，所谓“有一千个读者，就有一千个哈姆雷特”。可见，文学作品创作的目的与应用写作不同。

应用写作，或者是为了上情下达，告知领导意图、有关指导意见、组织生产、规划经营；或者是为了下情上达，反映情况、汇报工作、请求批准、表达意愿；或者是互相沟通情况、交流经验、反馈市场信息、传播科技知识；或者是记载史实、记录现状，以便日后查考。凡此种种，均可表明应用文的写作目的十分明确，是据以办事的。一篇应用文能否在社会生活中发挥作用，能否达到写作目的，关键就看作者能否将写作意图表达清楚。

二、读者、作者明确

应用文的读者往往是特定的。一张借款条写好后，借钱的人“读”一下，看看数字有没有出入，还款时间是否正确，然后便收藏起来，待还钱之日取出销毁即可。有些文书，会在附注中写明“此件传达至处级”，那么处级与处级以上的人才有资格阅读；如果注明“此件在党内传达”，那么只有党内人士才能知晓。文学作品，刊登在报章杂志上，它的读者是广泛的，没有哪一位作者在写作时划定哪一部分人才能阅读自己的作品，总是希望读者越多越好。无论“阳春白雪”还是“下里巴人”，它的读者群虽有所不同，但划不出具体的界限。

应用文的作者也是明确的，他们是依照法律和一定的组织程序产生的法人单位或其负责人、当事人。如谁借钱就应该由谁亲自写借条；党内文件，非党内人士无权起草拟定；市政府行文，市委不能代笔。各行其是，职责分明。

应用文中，简单的或涉及个人事务的文稿由个人单独完成。有些复杂、重要的文稿，牵涉到方方面面，个人是完成不了的，往往要成立一个起草小组，共同讨论，分头执笔，集体研究定稿。文学作品的创作一般是不会出现这种现象的。

三、政策界限明确

应用文是据以办事的，它往往直接体现了党和政府的路线、方针、政策。有些文章还要与本系统、本单位的规章制度相符。所以，应用文在行文时，政策界限要明确，一旦发表就产生某种权威约束作用。它不同程度地规范了人们的行动准则和行为方向，文章在什么范围内公布，在某个问题上该怎样办、不该怎样办、办到什么程度，都有明确规定。与公务文书相比，事务文书、生活文书的法定权威性相对弱些。文学作品要求主题明确，在行文中一般无需与党的路线、方针、政策挂钩，也不用与某系统、某单位的规章制度相符合，讲究的是以形象、情节、独具风格的语言打动人。作者写什么、不写什么，是否发表、在哪里发表，一切由作者自定。

四、执行时间明确

应用文是在有实际需要时才写的，是办事的凭据，往往是为解决某一具体问题、传递某种信息、达到某项目的而写的，所以它要求及时写、及时发、及时办。正如借款条是在拿到借款之后，必须立即写成的，往往是一手交款，一手交借款条。公务文书中常常出现“此件到达之日起执行，不得延缓”、“此件自某月某日始至某月某日止执行”等字样。待问题已解决、信息已传递、目的已达到，该文也就完成了使命，重要的存档以备查考，不重要的存放一段时间之后销毁。文学作品的创作没有时间限制，成文时间可长可短，“十月怀胎，一朝分娩”也行，“提笔立就，一气呵成”也行，随意性很大，因为它不会被人们据以办某件实事。

第三节　应用文的作用及学习要求

一、应用文的作用

（一）宣传教育，指导工作

市场经济需要有关法规、规章对各项工作进行管理和规范，而应用文可以宣传党和国家在一定时期内的大政方针、政策法规，起到宣传教育的作用，并且直接指导广大群众的行动。有些应用文如命令、意见、章程、条例等，可用来规范人们的思想行为；有些应用文用于宣传政策、法规，如讲话稿、工作报告等。这些文种都直接向人们宣传党和政府在一定时期内的路线、方针、政策，指导人们高效率地完成工作任务。

（二）反映情况，交流信息

随着社会的发展和现代化建设的推进，上下级之间、单位之间、部门之间、人与人之间的交往日趋频繁。各单位、各部门都希望及时得到来自各方面的信息，而应用文可以起到通报、交流情况、沟通协调关系的媒介作用，如简报、电函、通报、调查报告等应用文，都起着上传下达、左右沟通、交流情况、研究工作的作用。

（三）总结经验，积累资料

应用文记载了我国各个时期的政治、经济、文化等方面的活动及其要求，一方面为当时当地的工作保存了依据，另一方面又积累了历史资料，为现实的方针、政策的制定提供依据、参考，如总结、调查报告等应用文。

（四）训练思维，提高素质

应用文写作讲究逻辑性，写作者对材料进行比较、分析、推理、综合等思维活动之后运用文字组合形成文章，所以作者必须思维清晰，表达准确严密。整个写作过程就是一个逻辑思维训练的过程。人的素质是各种能力的综合体现，其中写作能力是相当重要的一个方面，应用文写作尤其看重对准确、严谨、周密的逻辑思维能力的培养。

二、应用文的学习要求

（一）学习态度要端正

有人认为，应用文写作不用花时间去学，只要文章文通句顺，再套上具体文种的格式就行了。如果持这样的态度去学习，就学不好应用文写作。因为应用文有自己的特性，有自己的理论体系，如果学习态度不端正，马马虎虎，就不能全面掌握这方面的知识，写不好应用文。“书到用时方恨少”，有实践工作经历的人往往对此深有体会。对于在校的年轻学子来说，对应用文写作课程的学习常常缺少一份紧迫感，对课程学习重要性的体会不够深刻。

（二）加强理论修养

加强理论修养是为了提高理论水平。因为很多应用文都直接体现党和国家在一定时期内的路线、方针、政策，一篇应用文要能正确地、深刻地反映客观事物，就要求作者具有较高的政治理论水平，从而提高分析问题、解决问题的能力。社会在不断发展、新事物不断涌现出来，这就要求我们必须不断学习。只有这样，所写文章才能符合时代的需要。

另外，还要加强应用写作理论学习，其目的在于指导自己的写作实践，这样可以避免盲目性，增强写作的自觉性，从而在较短时间内掌握较多应用文体文章的写作。

（三）熟悉有关业务

应用文是为处理机关、团体、企事业单位各种日常工作而写的，如果不熟悉业务，就会无从下笔，真要写起来，就抓不住问题的关键，甚至闹出笑话，不可能写好相应的应用文。比如，为棉纺厂写一份年终生产总结，就必须知道棉花变成布的过程；要写信贷管理分析，就必须对信贷的政策了如指掌。

（四）多读勤写

应用文写作源远流长。从古至今，我们的先人留下了大量的应用文佳作名篇，其思想和文字水平都很高，且各具特色，多读这些文章，可以获得宝贵的经验。在读的过程中还要多想，好的文章，品味它的“好”处；一般的文章，有长处也有不足，在读的过程中细细分析、不断体会，找出其长处和不足，自己在写的时候，可以取长补短、学以致用。

“人之所不乐多做者，大抵因艰难费力之故；不知艰难费力者，由于手笔不熟也。”（唐彪《读书作文谱·卷五》）应用文写作是一门实践性很强的课程。所学的理论知识只有经过不断的写作实践，才能更好地理解和掌握，才能变成自己的东西，变成一种能力。单凭懂得一些文章作法，就能成为文章高手是不可能的，在这方面没有任何捷径可走。常言道：“文章读十篇，不如写一篇。”所以，只有通过持之以恒的写作实践，才能把知识转化为能力，达到学习这门课程的目的。

第四节　应用文的起草、修改和定稿

一、起草

起草即打草稿。对于文学创作来说，就是作者将自己的所见、所闻、所感，用文字的形式初步表达出来，其认识活动主要受个人意志支配。应用文在起草时，作者一般是代表一定的团体机关行文，不完全是或根本不是“自己的”感受。这是应用文写作与文学创作起因的不同之处。

写作过程的第一步就是起草。起草之前作者首先要完成选材、立意和构思三项工作，之后作者头脑中就形成了较完整、清晰的思路，但此时还没有形成可供阅读的文字，属于潜写作阶段，这是起草的第一阶段。第二阶段是将作者头脑中形成的思路用恰当的语言、结构形式表达出来，使作者的思维成果物化为文章，这是显写作阶段。起草包含这两个阶段。

起草的方法因人而异，因文而异。最通常的方法是先立提纲后行文。提纲立好，思路理顺，然后作者应该迅速将构思成熟的内容写到纸上，最好是一气呵成，这时候字词的推敲、语句的斟酌都不需要太讲究，甚至把不会写的字都跳过去，只求将大体意思写出来，不让思路中断。等到草稿完成了，再回过头来增补内容、推敲文句、翻查工具书，完善文稿。个别文章高手可以不立提纲，只打腹稿，然后提笔疾书。对于一般的人来说，这种方法往往效果不佳。

内容较简单的应用文，可以由个人完成起草工作。一些较繁杂、重要的应用文往往通过集体讨论，由多人共同完成，此时可采取以下两种方式：

(1) 一人写，众人议。先由一位有经验的人按提纲内容起草成文，复印给起草组成员阅读，然后集体讨论，指出不足，由起草人综合各方意见，再行修改。

(2) 众人写，一人合。先由起草组成员按提纲内容分头写，成稿后交主要执笔人统稿。统稿以后，如有需要的话，再由起草组成员阅读，再提修改意见进行修改，最后成文。

《论语》曾提及，郑国发表公文，必经多人起草、讨论、修改和润色，所谓“为命，裨谌草创之，世叔讨论之，行人子羽修饰之，东里子产润色之”。可见，早在春秋时代，官方对应用文的写作已经是慎之又慎的了。

二、修改

（一）修改的意义

修改，这里指从初稿完成到定稿的过程中，对文章的主题、材料、结构、语言等等进行斟酌，去其不当，留其精华，补其不足。这是提高文稿质量的一个重要环节，正所谓“文章不厌百回改”。

前文讲过，写作初稿最好是一气呵成。但是，作者对客观事物的认识不可能一次就达到正确、完美的境界，往往会矢不中的、言不逮意，所以成文之后就应该细加推敲、认真修改。应用文与文学创作不同，应用文的写作目的是让人据以办事，如果言不简、意不明，让人无法理解，就会贻误工作，这是不负责任的表现。

作者通过认真细致的修改，不仅能提高文章质量，保证办事效率，还能提高自身的写作能力。可以说，修改文章的过程，就是提高作者写作水平的过程。

（二）修改的范围

文章的四大要素是主题、材料、结构、语言。修改文章也应该先从这四个方面考虑。后面几章将着重具体阐述这四个问题，这里就不一一赘述了。

除了上述四个方面之外，修改文章时首先要考虑所用文种是否得当。有人做过统计，现代应用文的文种已达数千个，通用的、常用的文种也有近两百个。国务院颁布的公文文种就有 13 种。什么情况下、什么内容该用什么文种，作者首先要搞清楚，然后选择恰当的文种行文。

其次要考虑文章的标题。标题是文章的眼睛，应用文的标题往往是对文章内容的概括，不同的文种对标题有不同的要求，所以要检查文章内容与标题是否统一，是否符合该文种拟制的要求。

最后还要检查标点符号的运用是否正确。标点符号绝对不是文章中可有可无的点缀，应用文中标点符号的运用尤其要准确无误。表示停顿、并列、中止等都有不同的符号，都应该准确运用。在现实生活中，因错点一个标点，损失上百万、上千万的事情时有所闻，大家都应该引以为戒。

（三）修改的方法

应用文写作往往是代表单位行文，是应需写作、应时写作，具有鲜明的工具性和时效性，所以它的修改方法与文学创作不同，要及时行文、及时修改。常用的方法主要有以下两种：

1. 作者自改

作者自改是最传统、最常用的修改方式，一些内容简单的或者是代表个人的应用文可用此方法。一般是边读边修改，读到语句不通、语意不明的地方就要停下来，仔细推敲，找出毛病，加以改正。

2. 集体修改

内容重要的、复杂的应用文，往往是集体修改。在集体修改之前，作者应经过自改这一关，实在找不出毛病了，再拿出来让别人斟酌。

（1）领导、专家审阅。

应用文需要体现领导意图、聆听专家意见，领导要统管全局，专家分析问题较透彻，能较全面、较深刻地看问题，文章经他们审阅后再作修改，更能使文章发挥指导工作的作用。

（2）会议讨论。

有些应用文如会议纪要、会议决定等，本身就有传达会议精神的作用，这类文章，往往一人起草之后，还得开一个小会讨论，征求修改意见，最后再由撰稿人修改定稿。

另外，文章中修改的符号要有统一标记，作者和修改者都应该用规范的符号标示。

三、定稿

定稿是写作的最后一个步骤。文章经过几番修改以后，作者认为已达到既定要求，便可定稿。有些重要的应用文必须由签发人签名后，才算定稿。

定稿后要认真誊写或打印。有些应用文体有自己特定的格式，应该严格按照其格式要求去做。此外，标题的书写、汉字的书写、标点符号的运用与标示都要正确规范。

文章誊清或打印后，要做好最后的审核工作。必须再从头至尾检查一遍，确认准确无误以后，文章才能发出去，整个写作过程才告结束。

第二章　应用文主题

第一节　什么是主题

一、主题的含义

“主题”是一个外来词，最初是指乐曲的主旋律，它是乐曲的核心。后来引申指文章的中心思想。我国古代传统写作理论中没有“主题”这个词，和主题意思相近的词有“意、志、道、旨、主脑”等，实际上都是指文章主题。古代应用文中，常用“圣旨、密旨、宗旨”等词表示君主在应用文中所要表达的意图。因此，有些应用文教材把应用文的主题称为“主旨”。在现实社会中，人们把主题、中心思想、主旨等视为同义词，已经通用。为了尊重人们这一约定俗成的习惯，我们这里将应用文的主题与其他体裁文章的主题、中心思想、主旨等一起统称为主题。

应用文具有很强的实用性，无论写什么应用性文章，总有个明确的意图，或宣传某种思想，或介绍某件事物，或传播信息，或介绍经验，或立字为据。凡此种种，实际上就是应用文的主题。简而言之，作者通过文章全部内容所表达的基本思想和写作意图就是应用文的主题。

二、主题的作用

无论是文学创作还是应用文写作，确立文章主题都是一件很重要的工作，萧统在《文选序》中指出：“作文必须以意为宗。”主题是写作目的和基本精神在文章中的反映。

从读者的角度来看，人们评价一篇应用文的质量如何，首先会从内容上来分析，看它的观点是否正确，对工作的指导是否明确，揭示问题是否深刻，社会价值大小如何。从这个意义上说，主题是文章的灵魂，它决定着文章的思想深度和社会价值。

从作者的角度来看，写作前的总体构思、写作中材料的取舍、详略的处理、结构的安排、语言的运用都要受主题的制约。主题犹如作战时的总指挥，正所谓“意犹帅也，无帅之兵，谓之乌合”（王夫之《姜斋诗话·卷下》)。具体到一篇文章，行文的目的、依据、意见、措施等内容是一个有机的整体，它们必须合乎逻辑地连缀在一起，要受主题这个总指挥的调配。从这一点来看，主题是文章的统帅。

对于文学作品来说，主题同样起灵魂和统帅作用。但文学作品的主题是以人物形象或事件情节体现出来的，主题没有赤裸裸的外在表现形式。而应用文主题的针对性、目的性很强，应将所表述的内容明明白白、真真切切地写出来。否则，文章达不到实用的目的，读者抓不住要领，就会贻误办事时机。如果主题不正确，会给实际工作、生活带来直接损失。

第二节　主题形成的特点

应用文主题的形成与文学创作相比，有其自身的特点。

一、受命于集体和领导

应用文的写作，在多数情况下，是集体或领导布置的，是被动的写作行为。这种被动的写作行为有很强的实用性、针对性，是为用而写，是“要我写”，所以十分强调“主题先行”、“意在笔先”。例如，某企业上缴利税很多，到了年终，领导要求写一篇经验总结在报刊发表。此时作者就应紧紧围绕“总结经验”这一主题去行文，在搜集材料过程中总结了经验，同时也发现了工作中的欠缺或失误，这些欠缺和失误如果不加以重视，后果会很严重。但这些新的发现不应写进这篇经验总结中，否则文章的主题就改变了，也就违背了领导的初衷。在这种情况下，可以另外行文，呈送领导。

文学作品的创作，是作者本人对现实生活有深刻的认识与领悟，有话要讲，有感要发，有情要抒，就提笔去写，主题的确立不受任何人制约。朱自清写《背影》，通过叙述父亲的背影，表现了父爱子、子念父，父子之间深沉、真挚的骨肉亲情。他写这篇散文完全由自己的创作冲动驱使，是“我要写”。这类文章作者往往在动笔之前已有明确的认识和写作意图，但有时也会在写作过程中丰富、深化主题，甚至改变初衷，这是作者个人的事。

二、产生于调查研究

应用文的写作，作者在领会了集体或领导的意图之后，就要着手搜集材料。首先要了解国家有关的方针政策，然后对本单位的实际情况进行调查研究。在调查研究的过程中，要全面、充分、详尽地搜集材料，反复深入地分析研究材料，找出领导意图与所搜集材料之间的内在联系。只有这样，才能准确、深刻、全面地得出符合领导意图的认识结果，主题也随之形成。还有一种情况，即作者在搜集材料、分析材料时，发现集体或领导的意图存在偏颇、疏漏、矛盾甚至错误的地方，这时应及时与领导一起斟酌、修改，共同归纳出科学的、符合客观实际的主题。

文学作品的创作也要进行“调查研究”，实际上就是通常所说的“体验生活”，它的目的是创作出栩栩如生的人物形象、引人入胜的故事情节，为表现主题服务，在形成主题的过程中用不着时时处处体现某个集体、某位领导的意志。

三、提炼于作者和他人

应用文主题的提炼、深化过程是在作者与他人之间进行的，不能取决于作者本人。因为作者写的是“奉命文章”，要受集体、领导、编稿单位的制约，所写的文章要符合他们的要求，所以在文章初稿形成以后，往往要经过自上而下或自下而上几个环节的斟酌、检验。有些内容重要或涉及范围较广的文章，常常需要事前发提纲、草稿或讨论稿，听取各方面意见，经过反反复复的讨论、修改，最后才正式定稿，所以文章最终确立的主题可以说是集体智慧的结晶，是群体思维的结果。也正因为如此，应用文的主题较少体现出作者个人的感情色彩。

文学作品主题的提炼、深化过程是作者自己对生活的认识感悟，可以灵活、自由地进行加工，并且文责自负。应用文的作者，代表的往往是集体或领导的意愿。

第三节　确立主题的原则

由于应用文主题的形成具有上述特点，它对主题的要求与文学创作相比也会有所不同。文学创作对主题的要求是正确、鲜明、深刻，而应用文对主题的要求是正确、明确、单一。

一、正确

应用文主题的正确往往与实际工作、经济效益直接挂钩，所以必须符合政府的方针政策、国家的法律规定，符合客观实际，能指导实际工作，经得起社会实践的检验。

文学作品也要求主题正确，但与应用文所要求的正确不完全一致。文学作品只要真实地反映出特定时代的特点与本质，就会得到历史的肯定与人们的喜爱。如古典诗词，不少带有浓厚的悲观色彩，但千古传诵；维护封建统治的文章比比皆是，教材也大量选用，但读者可以只学习其说理方法，欣赏其文思韵律。

我国清代学者章学诚曾说：“文欲其工，犹弓矢之欲其良也。弓矢可以御寇，亦可以为寇，非关弓矢之良与不良也。文可以明道，亦可以叛道，非关文之工与不工也。”（《文史通义·言公中》）这句话大意是说，文章可以说明正确的道理，也可以宣传错误的思想，这与文章写作技巧好不好没有关系，就像弓箭可以抵御强盗，也可以为强盗所用，这与弓箭好不好没有关系一样。

应用文有了正确的主题，才具有社会意义，才能在实际工作中发挥作用。例如，政府部门的领导人要经过人民代表大会或人民代表大会常务委员会批准任命，如果某单位只以党委或某行政领导的名义发任命通知，结果违反了选举法，这是错误的。又如在承包山林的合同上写“不准外人进山，否则电枪打人概不负责”的条款；在工厂门口的通告上写“出厂时应该接受行李物品、甚至搜身检查”等等，都是有违法律法规的，主题都不正确。

二、明确

应用文写作要用“直笔”，不允许主题表现得隐约含蓄、模棱两可，犹如雾里看花一般。汉代王充在《论衡》中说过：“口则务在明言，笔则务在露文”，所谓“明言”、“露文”是指主旨的表达必须明确，它要求作者旗帜鲜明地说出自己的观点，表明自己的态度。肯定什么、否定什么，提倡什么、制止什么，赞扬什么、批评什么，必须明白显露地在文中表达出来，否则就达不到实用的目的，不利于人们提高办事的效率。如果上级的一份公文主题不明，下级按照自己的需要去理解、执行，后果会很严重。总括起来，明确包含缘由明确、观点明确、意义明确、措施明确、要求明确。

文学作品的主题不需要明白畅达地写出来，讲究含蓄，要意在不言之中，让读者自己去体会，“文似看山不喜平”。作者一般不直接说出自己的观点、态度，而是让读者根据人物形象、故事情节自己去体会。高尔基说，主题“由生活中暗示出来”；恩格斯说，主题“通过情节自然而然地流露出来”，说的都是同样的意思。古人写作有曲笔、直笔之分，文学作品多用“曲笔”。

三、单一

古人说："宾可多，主无二，文之道也。"无论文学创作还是应用文写作都主张一个统帅、一个灵魂，否则会导致"意多乱文"。但是文学作品有时会出现复合性主题，即一篇文章中有一个基本主题，又有一个或几个副主题，这些副主题围绕着基本主题，共同构成一个总的主题表达意向。

应用文没有复合性主题，有些应用文体如工作报告、总结，内容牵涉面广、时间跨度大，主题不易提炼，这就要求作者统观全局，抓住重点，提炼出单一的主题之后行文。一篇经验总结，介绍一个企业获得新生，主要是新上任的领导精明干练，建立了一系列健全的规章制度，实行了科学管理的结果。如果行文中又加入了"上级领导关心，本厂职工团结"等内容，主题反而混乱、不单一，没有抓住企业获得新生的根本原因。

这里附带说明一下，有些应用文较特殊，如大事记、会议记录等文种，主题无法单一。如会议记录，与会人员怎么说就怎么记，往往会出现各种问题、各种意见。这是由这类文体的特点所决定的。

第四节　表现主题的方法

前文已经提到主题是统帅，材料的取舍、结构的安排、语言的运用都要受主题的制约，都是表现主题的手段，无论是文学作品还是应用文的写作都必须遵循这一原则。此外，应用文在表现主题的时候还有一些特殊的方法。

一、在标题中直接点明主题

应用文的标题与文学作品的标题大不相同。文学作品的标题讲究含蓄，莫泊桑的《项链》、朱自清的《背影》，分别以物品、形象作为标题，读者看了标题不能立即明白文章究竟要说什么，要卒读全篇才能明白。而应用文的标题讲究一览无余，经常是标题直接反映主题，如《关于表彰广东省××××年"南粤优秀研究生"的决定》、《农村信贷工作重在管理》，从"表彰"、"重在管理"这些词语就知道文章的主题所在。这是由应用文讲求实用的特点决定的。

二、用主题句揭示全文主题

主题句即用来概括全文主题的句子。这样的句子往往安排在文章开头。

应用文最常用的开头方法就是开门见山，用主题句揭示主题。在正文第一段就写出主题句，使读者一读开头，就明白全文主题所在，起到突出主题以引起重视的作用。如《关于禁止使用实心黏土砖的通告》开头写道："为推进本市的墙体材料革新工作，保护土地资源和生态环境，节约能源，根据国家墙体材料革新的有关规定及《广州市建筑条例》，市人民政府决定在本市禁止使用实心黏土砖。"这句话前半部分是目的、依据，后半部分"市人民政府决定在本市禁止使用实心黏土砖"是揭示主题。公文经常用这种方法开头。

有些应用文在文章开头会简略交代背景、介绍经过、叙述事由，然后用概括的语句揭示主题，这也应该算是开门见山，用主题句揭示主题。

三、用段旨句概括层次大意

段旨句即概括本段主要内容的句子，即"一言以蔽之"。《冬天来了，准备过冬吧》（见本书 34 页例文）中："第一，要有过冬的信心和准备!""第二，要做冬天该做的事!"这就是段旨句，这一段的大意已经概括在一句话中，有时间可以细细往下看，无时间可以跳过这一段，不会影响阅读的连贯性，可以节省阅读时间，也便于别人做摘录。用这种方法写文章还可以使整篇文章条理清楚、眉目清晰，读者对全文主题、对全段旨意的理解也绝不会有偏差，据以办事就能步调一致。

四、篇末点明主题

在文章的结尾处再次点明文章的主旨，加深读者的印象。应用文中，常常是开头点题，结尾重复强调，做到上下文呼应、首尾圆合。

上述几种表现主题的方法可以综合使用，使文章主题鲜明、突出。

第三章　应用文材料

第一节　材料的含义和作用

前一章讲过文学作品是靠人物形象、故事情节来体现主题的。因此，同一篇作品从不同角度分析，可能归纳出不同的主题。应用文是据以办事的，不能“仁者见仁，智者见智”而产生分歧，所以必须明确提出主题。主题的提出又要靠材料来证实，因此材料处于相当重要的地位。

一、材料的含义

什么是材料？作者为了某一写作目的所搜集并写入文章的一系列事实、现象或理论依据统称为材料。为写作搜集但暂时没有写进文章的，也是材料，这是对材料广义的理解。后文“材料的搜集”所指的各种原始材料，就应该从广义去理解。

在文学创作中，通常把材料分成素材和题材两类。素材是指作者平时有意识地搜集的、尚未提炼和加工的实际生活现象。题材是指经过提炼、加工后写进文章中，用以表达主题的一组生活现象——这是狭义的题材的概念。广义的题材是指文章中所反映的社会生活领域。如工业题材、农业题材、儿童题材等。素材、题材这两个概念只用于文学作品。应用文写作统一用“材料”这个概念。文学创作也可用“材料”这个概念，但其在实际运用材料时与应用文写作是有区别的：应用文写作中的材料绝不能随意改编，只能真实地反映它的本来面目，文学作品中所用的材料可以根据主题的需要进行加工改制。

二、材料的作用

（一）材料是提出问题的依据

应用文是为了应用而写的，它要求作者行文时能针对实际情况提出具体问题，以便讨论解决。譬如“抗洪抢险”是一个实际情况，围绕这一情况可以提出许多具体问题：为什么近年来洪水频频泛滥？为什么防洪大堤如此

"不堪一击"？军民抢险时无私无畏的精神动力是什么？如此等等，都有文章可做。没有上述"实际情况"，问题就无从谈起，写作活动也无法进行。

（二）材料是形成主题的基础

应用文的主题是从真实的、大量的现实材料中提炼出来的，不是凭空产生的，只能是在对材料的研究分析中形成，是材料孕育了主题。"巧妇难为无米之炊"，正确的主题是作者在占有大量客观材料的基础上，加以科学的研究、分析得出的。可见，应用文主题的形成离不开材料。

（三）材料是表现主题的支柱

主题确立以后，必须依靠材料来支撑，主题才站得住脚。只有真实、丰富的材料，才能支撑起主题，才能发挥对现实的指导作用。写文章要摆事实、讲道理，不摆事实，不以材料为证，道理就说不清，主题就无法阐明。文章只有观点，没有材料作证，受文者看不出上级指导的原因、下级请求的理由、平行机关之间商洽的依据，写作目的就不能实现。这一点在应用文写作中至关重要。

（四）材料能充实文章内容

人们常把材料比喻成文章的血肉，可见材料对于文章的重要性。有了材料，文章才有内容；有了内容，文章才能构思，进行布局，恰当表达。材料的充实与否决定着文章的优劣。有的文章内容空洞，说服力不强，未必是主题不明确、不单一，也不一定是构思出了问题、表达欠工夫，而是失之于材料欠缺，不丰满、不生动。可见材料的重要性。

第二节　材料的搜集与整理

一、搜集材料

既然材料对于写作有以上几方面作用，所以写作的第一步工作就是搜集材料。正所谓"兵马未到，粮草先行"，写作材料就如行军作战的粮草，没有粮草或者粮草准备不充分就无法保证战争的胜利。

如何搜集材料？一种是平时积累。应用写作很多是奉命行文，领导临时交代一个写作任务，时间又较紧迫，如果平时缺少资料积累，临时抱佛脚去查找，往往手忙脚乱，不尽如人意。所以要求作者时时处处留意，点点滴滴记录，这样集腋成裘，待到需要用时就可以信手拈来、运用自如。

另一种是现用现搜集。领导布置了写作任务，除了手头已有的材料之外，还可以带着明确、具体的写作目的再去搜集材料。用这种方式见效快、效率高，但是往往因为时间、条件等制约，不能保证一定能搜集到作者急需要用的材料，是有一定的难度的。

基于上述两种方式各有其长处与不足，有经验的撰稿人往往是二者兼备，做到“粮草”有库存，用时再“选择”。

至于搜集材料的具体方法，主要有观察体验、调查采访、网络检索。

观察体验是调动多种感觉器官参与的综合活动，并不仅仅局限于视觉的感受，它还要调动听觉、嗅觉、味觉、触觉共同参与感受，从而较全面地感知被观察对象。观察时要始终保持注意力集中，并伴有积极的思维活动，这样才能见人之未见，提高观察的质量。

调查采访是通过向别人了解情况获得材料的取材方式。因为一个人目之所及、足之所至是有限的，这就需要向别人了解，借助别人的所观所感，获取自己所需要的材料。方法有开调查会、个别访问、制作调查问卷等。

网络检索是当今最便利、最普遍的搜集材料的方法。坐在电脑面前，轻点鼠标，作者所需要的有关材料便源源而来，全省的、全国的乃至全世界的均可“一网打尽”。

写作时，作者手中材料要越多越好。搜集材料要“韩信将兵，多多益善”。写作时材料一定要充分。著名文学家茅盾说：“采集之时，贪多务得，要跟奸商一般，只消风闻得何处有门路，有货，便千方百计钻挖，弄到手方肯死心。”这个比喻是非常形象的。

二、整理材料

作者为写作而搜集的材料往往数量多、内容杂，接下来就得进行艰苦细致的整理工作。整理时，可以因人而异、因文而异，根据诸如写作意图、应用文各文体需要、撰稿人的写作习惯等不同而采取不同的方法，但是有一步工作是大家必须做的，即对材料进行审查。错误的要纠正，虚假的要去掉，遗漏的要补上，多余的要剔除，从而保证材料的准确、真实、完整、精练。

此后，可以按写作需要，如情况梗概、基本观点、典型事例、生动细致、任务重要程度等来进行分类；也可以按材料种类进行分类，如现实材料与历史材料，感性材料与理性材料，具体材料与概括材料，正面材料与反面材料，事实材料与理论材料，文字材料与数字材料；还可以按本单位实际工作需要进行分类，如政府机关的撰稿人可以按下属机构文教、卫生、司法、财贸、工交、城建、粮农来分。这样分类之后，便于写作时查找、比较、分析和研究。不管用什么方法整理，都是为了写作时运用材料方便，能顺利完成写作任务。

第三节　材料的选择

选择材料就是对材料进行分析鉴别，然后择优采用。在应用写作中，材料的选择格外重要，直接关系到写作目的能否实现。例如，在一篇要求免税的请示中，如果免税的理由不充分，有的理由根本站不住脚，材料的选择没有针对性、典型性，那有关职能部门就很可能不批准其免税。

选择材料的原则有下列几条。

一、确实

确实，即材料要准确、真实。准确即材料要确凿无误，持之有据，“人名、地名、数字、引文准确”。真实指确有其人，确有其事。文学创作要求的是“艺术的真实”，应用文要求的真实是“绝对的真实”，哪怕一个细节都不能有差错，“要经得起读者去查户口”。否则，别人对全篇文章的真实性都会产生怀疑。

二、典型

所谓典型，即材料能深刻反映事物的本质和规律，具有广泛的代表性和巨大的说服力，起到“以少胜多”、“以一当十”的作用。

三、新颖

新颖指新产生、新发现，别人尚未使用过的材料。诸如新的方针、政策、法规，新的统计数字，新的科研成果，新产生的问题等等。这样的材料能使人获得新的信息，给人耳目一新的感觉。新颖的另一个含义是从旧材料中开掘出新意。材料新，文章才有吸引力。

四、切题

上述三条原则都要归结到切题这一点。所谓切题，就是材料要符合表现主题的需要。凡是可以有力地表现主题的材料就采用，有的放矢；凡是与主题无关或者关系不大的材料，哪怕再准确、真实、典型、新颖，都要忍痛割爱，不能采用。

第四节　材料的使用

材料的使用，即材料在文章中的应用。材料经过选择写进文章之前，对哪些材料为主，哪些材料为辅；哪些详写，哪些略写等，还要根据主题的需要、文体的需要进行一番技术处理。

具体处理方法是：

一、剪裁

前文已经讲过，材料的选择应根据主题表现的需要，材料的使用也应如此。在一篇文章中，所用的材料地位是不平等的，有的能直接表现主题，有的是间接表现主题；有的证据确凿，说服力强，有的说服力不那么强但生动，能让人过目不忘；有的材料有深度，有的材料不那么深刻但有鲜明的特色……在实际使用时，不同的材料对表现主题的作用不同，这就需要作者对材料进行精心剪裁。

二、缝合

材料经过剪裁就更精粹，接下来的工作就是组织安排这些材料，即缝合。就如做衣服一般，哪些放在领口、袖口，哪些放在前胸，哪些放在后背，安置恰当才能制作出一件合体的衣服。

有的应用文运用材料较多，这时应根据表现主题的需要，选择不同类型的材料结合使用，使之优势互补，提高整体表达效果。理论材料使文章有深度，可以将感性认识上升到理性认识；事实材料的运用使理论有了针对性，更具体地说明了理论材料；具体材料是点的材料，概括材料是面的材料，点面结合既能丰富情节内容，又能反映事物普遍性、规律性。文字材料可以对数字材料进行分析、说明、评价，数字材料也最能说明问题。材料使用得当体现了作者的缝合艺术。

有的应用文通篇就是一个典型材料。如奖励某人的通报，取舍材料是针对某一事实的某一部分，把整个事实中最能说明主题的、最光彩照人的部分写进文章。同理，如果是批评某人，应将最能反映其错误事实的材料写上。

第四章　应用文结构

第一节　文章结构概述

一、文章结构的含义及作用

结构一词，原本指建筑物的整体布局及内部构造，因文章在布置格局、策划全篇时与其有相通之处，所以被借用来指称一篇文章布局的艺术。所谓结构就是指文章的组织形式和内部构造。

确立主题决定了文章“写什么”，选择材料解决“用什么写”，安排结构则是解决“如何写”。所谓安排结构就是按照表现主题的需要，将所选材料有条不紊地进行组织安排，连缀成一个有机的统一体。

日本作家小林多喜二说：“正如‘结构’两个字的字面含义是盖房子一样，不管你的材料多么优良，不管你的目的多么高尚，如果盖得不好，摇摇晃晃，结果是毫无用处的。”由此可见，写文章时有了丰富的材料、明确的主题，所面临的就是安排结构的问题了，这是写作的重点和难点。如果主题和材料没有完美的结构去表现，就不能成为一个完美的有机整体，就很难称得上是文章。

结构是组成文章的基础，是表现主题的手段。写文章只有找到恰当、完美的结构形式，才能把主题和材料组合在一起，形成一个完美的有机整体。

二、安排结构的条件

安排结构的条件就是“言之有序”，即材料的安排要有次序，这实际上体现了作者的思路。思路是作者思维活动的路线，它是作者对客观事物观察、理解和认识的反映。

思路与文章结构的关系极为密切，思路是形成结构的基础，结构是思路的体现和反映。安排文章结构，一要思路开阔；二要思路清晰。南朝梁文学理论家刘勰曾说：“文之思也，其神远矣。”大意是：文章的构思，它的想象很远，即思路开阔。思路要开阔，就要打破思维定式，进行多方探索，然后要理出头绪，掌握事物发展的必然联系和内部规律，构思文章时，要顺应客观事物的规律去一步步进行。特别是应用文的写作，要比文学创作更直接地反映客观事物的外部联系与内在规律，因而它对思路清晰的要求更高，绝不能“以其昏昏，使人昭昭”。

锻炼思维的方法主要有拓展法、挖掘法、控制法和梳理法等。拓展是求广，挖掘是求深，控制是求集中，梳理是将思路理清、定型。

第二节　安排结构的原则

一、服从表现主题的需要

主题是文章的灵魂和统帅，文章材料的取舍、结构的安排、字词的运用都必须服从主题的需要，都应该围绕主题的需要去安排。元人程端礼曾说：“作文以主意为将军，转换开阖，如行军之必由将军号令。句则其裨将，字则其兵卒，事料则其器械，当使兵随将转。”（《程氏家塾读书分年日程·卷二》）这段话说的就是文章的结构、语言、材料，都要服从“将军”，即主题的调遣。做到兵随将转，尊卑有序。只有这样，才能使文章表现的主要意图和见解明确，否则，撰写文章的目的就无法达到。

二、要正确反映事物的客观规律

文章是用来反映客观事物的，无论是社会现象还是自然变化都不是偶然发生、孤立存在的，都是有规律可循的，因此文章的结构就必须按照事物本身的规律和内在联系来组织，这是组织结构的基本原则。例如记叙一件事情，总有起因、发展、高潮、结局；议论总要先提出问题，然后再分析问题、解决问题；应用类文章，一般都要介绍现状、分析原因、提出办法或要求，从而达到写作的目的。

三、要适合不同文体的特点

文章体裁不一，结构也就各异，所以安排结构应该因“体”制宜，尊重各种文体各自的特点和规律，注意依照体裁的特点和要求设计结构。应用文的写作目的是据以办事，各项公务活动纷繁复杂就形成各种不同结构的应用文文种，如调查报告和合同，都有各自约定俗成的格式，甚至同一文种也会因为主题要求不同而有不同的结构方法，又如计划的结构有表格式、条文式、段落式、综合式等等。了解这些，既便于作者掌握运用，也便于读者阅读理解。

四、要周密和谐

这一要求对应用文结构特别重要。周密的意思是结构的安排要使文章的内容充分完整，有头有尾，无遗漏、残缺不全的毛病，且首尾圆合。和谐指文章的内容通过结构自然流畅地表现出来，详略得当，上下贯通，通体匀称。

安排结构虽然有这些原则，但文章结构不是凝固的、僵化的、一成不变的。大体须有，定体则无。一篇好文章从内容到形式除了符合共性之外，有时还有其独特的个性。文学作品尤甚。

第三节　文章结构的内容

一、层次与段落

（一）层次与段落概述

层次指的是文章中作者表达主题的阶段和次序。因为它们之间必须层层相属，依一定次序排列，所以叫层次。层次体现了事物发展的阶段、问题的各个侧面和作者思维的过程。层次也称为意义段、结构段、逻辑段、大段等。

段落是组成文章的最基本的、相对独立的结构单位。段落也叫自然段，用换行空格表示。

段落有规范段和不规范段之分。每段只表达一个中心意思的段落称为规范段。应用文经常用这种段落构建文章。不规范段包括兼义段和不完整段，如通常所说的过渡段，它承上启下，就是兼义段。文章的开头和结尾段落有开启下文、总结全文的作用，但没有集中表明一个中心意思，属于不完整段。

应用文的段落常用统一顺序的数码标示。

层次和段落都能表示文章意思的转换和间歇，它们之间关系密切。但是，层次着重于思想内容的划分，段落着重于文字表达的需要。层次蕴含于文意之中，段落表露于文字之外。有时它们是一致的，一个段落恰好就是一个层次；有时它们并不一致，几个段落表现一个层次；一个段落内部，有时又可以划分为几个层次。

（二）层次之间的关系

层次与层次之间，必须按一定的顺序组织起来，表示一定的关系。一般说来，层次间的关系大致有以下几种：

按时间顺序安排层次，为连续关系；按逻辑顺序安排层次，有并列关系和递进关系两种；按从总到分或从分到总的关系安排层次，就是总分关系。这几种关系的层次，在一篇文章中，尤其是结构比较复杂的文章中常常是交替使用的，不能将文章机械地划分属于某种层次关系。

（三）段落的作用和划分的方法、原则

段落的基本作用是表示文章意思的转换、间隔，清晰地反映文章内在层次，帮助读者理解文章的脉络，便于读者阅读、理解。此外，某些段落还有特殊的表达作用，如可以强调重点、加深印象，可以制造气氛、加强语气等。

应用文段落划分的方法有：①提行式，即以提行空格的形式来显示自然段。其他文种也常用此方法。②条款式，即以序数为标志，按不同的表述内容分条划段。③合一式，即一段就是一篇，较短的应用文常用此方法。

段落的划分原则有三：第一，要注意段落的单一和完整。不要把几个不相干的内容放在一个段落内，使其无间无隔；也不要把一个意思分成几段，弄得支离破碎。第二，段落与段落之间要有内在联系。每个段落都是全篇文章的一个有机组成部分，段与段之间丝丝相连，环环紧扣，各个段落有机组合就组成一篇文章。第三，注意整体的匀称。并不是所有的文体都有这个要求，文学作品构段不讲究匀称，一篇文章中长的段落有千来字，短的只有一句话甚至一个词。应用文的段落比较讲究匀称，要长短适度。

二、过渡和照应

（一）过渡

过渡指各段落、各层次之间的衔接和转换。一篇文章是由一段段内容，一层层意思编织、连缀起来的，过渡就是段落与段落之间、层次与层次之间的桥梁，它把文章各层的意思沟通融合，使文章成为一个有机整体。过渡得好，文章意思就连贯，文气贯通；过渡得不好，或者该过渡时没有过渡，文章就脱了节，结构就不严密，脉络就不畅通。所以写文章应掌握好过渡的技巧。

什么情况下文章需要安排过渡呢？一是内容的开合处，如内容由总到分或者由分到总时；二是意思转换处，如由今至昔或由昔至今；三是表达方法的变动处，如由叙入议、由议入叙时需要安排过渡。

过渡的形式有过渡段、过渡句、过渡词。上下文空隙大，往往用段过渡；上下文空隙小，就用句或词过渡。应用文中，在由条文式转为表格式或由表格式转为条文式时，往往也要加上过渡。此外，应用文中，用表示顺序的数字来连接上下两层意思，完成内容转换是常见的，所以，序数也可表示过渡。

（二）照应

照应是指文章的前后相互呼应和关照。对文学作品而言，照应能使文章情节更生动，加深读者的印象，唤起联想，形成一些艺术效果。对应用文而言，则是为了使文章组织得更周密、严谨。如某份建议书，前文指出三种存在问题，后文有针对性地提出三条建议措施，这就是应用文的照应。如果前文叙述了问题，后文没有涉及；或者前文没有提出的问题，后文又突然有所叙述，这种行文结构中的突兀、生涩现象，主要是文章前后内容缺乏照应造成的。

照应的方法有三种：第一种是首尾照应。即在文章的结尾处，把开头交代过的事或提出的问题再次提起，有的还进一步加以概括、归纳、补充。这是最常用的照应方法。第二种是文题照应。这是指在行文中照应标题，它能对主题加以揭示、强调，还能对含蓄的标题作一些解释和交代。不过，应用文的标题往往都是直白的。第三种是文中照应。这是指文章前后内容的照应，是“瞻前顾后”、“前设伏笔，后文挑明”的写法。

三、开头和结尾

开头和结尾是文章结构的重要内容，会写文章的人都是十分重视的。

所谓“万事开头难”。文章开头的任务是为全篇定基调，为后文打基础，又要能吸引人往下读。

常用的开头方法是开门见山揭示主题。《中共中央关于纠正电报、报告、请示、决定等文字缺点的指示》指出：“除简短者外，一切较长文电，均应开门见山，首先提出要点，即于开端处，先用极简要的文句说明全文的目的或结论……唤起读者注意，使阅者脑子里先得到一个总概念，由此决定是否继续看下去。”应用文经常用此手法。另外，可以先交代人物、事件、环境等有关情况，便于展开后文；也可以先说明写作动机或写作意图；还可以用抒情、描写开头，但此方法应用文中较少运用。

结尾是全文的收束。俗话说：“编筐编篓，重在收口。”结尾好，能收到言有尽而意无穷的效果，这是对文学作品而言的。应用文结尾的任务就是要能帮助读者加深认识，把握全篇，达到预期的写作目的。常见的结尾的形式是：总结概括全文，揭示文章主题。此外，也可以用提出希望、建议、号召等形式收束全文。公文中常用“特此通知”、“此复”等惯用词语结尾。

一些简短的应用文，只有一个段落，没有专门的开头、结尾段落，意尽言止，不穿靴戴帽，小题大做。

另外需要附带说明的是，标题也是文章结构的一部分，我们在第二章曾经说过，应用文的标题常常直接揭示文章的主题。此外，应用文的标题方式还有：①揭示文章的主要内容，如《广东省知识产权局办公会议纪要》。②标题只提出问题，如调查报告《家庭轿车“钱”途在哪》。③标题只标明文种，如邀请函、推荐信、请柬。

第四节　安排结构的方法

应用文的目的性、实用性特别强，结构安排与其他文章有明显不同，应按如下方法去安排文章结构。

一、行文前要编写提纲

在编写提纲前，要了解所写文种的结构要求，然后打腹稿，理清思路。动手编写提纲时，将文章的各个部分按照彼此间固有的规律联系起来，组成一个整体，形成全文结构的框架。此后，再对提纲进行修改，进一步理顺、调整和修正思路，这样可以减少写作时的障碍，赢得时间。

二、行文时要提纲挈领

文学作品要求情节复杂、曲折、多变，“文似看山不喜平”，结构也随之千变万化。应用文往往是据以办事的，变化了就无法操作，结构相对固定，行文时常常将性质相同的材料写在一段，用一句话概括全段大意，即为段旨句，写在一段之首，再用序数标示。按照国务院办公厅颁发的《国家行政机关公文处理办法》规定，序数的层次顺序第一层用汉字的“一、二、三、四”标示，第二层用加半圆括号的“（一）、（二）、（三）、（四）”标示，第三层用阿拉伯数字“1、2、3、4”标示，第四层用加半圆括号的阿拉伯数字“（1）、（2）、（3）、（4）”标示。四个层次的序数顺序不能颠倒，也不能混用。同一种形式数字的标示，就体现了一篇文章中同一层次的内容之间的关系，同时也起到提纲挈领的作用。

三、行文后多看多改

多看多改的前提是在时间比较充裕的条件下。文学作品的创作没有时间限制，看和改都比较从容。应用文的写作时间性强，但也应挤出时间看和改，检查内容有无遗漏，句子是否冗长，用词准确与否等。从某种意义上说，好文章是改出来的。

第五章　应用文的语言与表达

第一节　语言的含义和作用

一、语言的含义

语言是反映思想的物质手段，是表情达意最重要的工具。人类社会语言交际的基本形式有两种，即口语与书面语。口语是口头谈话的语言，书面语是写文章使用的语言，它们共同的作用是表情达意。在使用时，因为场合不同，要求也不尽相同。口语灵活自由，常用短句，跳跃性大，讲话时可以根据对象、场合、方式的不同，省略一些句子成分，以让人听明白为目的。书面语比口语周密、严谨得多，要求句子前后衔接紧密，词语规范。所以，书面语的运用比口语的运用复杂得多。本章所探讨的是书面语在应用文中的运用。

二、语言的作用

（一）语言是人类最重要的交际工具

语言是人类最重要的交际工具。离开了语言，人们就无法交流思想，交流复杂的感情。文学大师老舍先生说："我们最好的思想，最深厚的感情，只能被最美好的语言表达出来，若是表达不出，谁能知道那思想和感情怎样的好呢？"一位名医说："有两件东西能治病，一是药物，二是语言。"

（二）语言是思想的直接现实

语言是表现思维的工具。构思文章之始，作者的大脑进行复杂的思维活动，它们流动、跳跃、模糊不清，此时，就要凭借语言来理顺思路，将思维变得清晰、明确、富有条理，然后用词语，再按照一定语法要求、修辞手法、逻辑顺序将思维固定在纸上、电脑屏幕上。一般来说，思维不能脱离语言而存在。

（三）语言是构成文章的第一要素

语言是文章的基础。如果说主题是文章的统帅、材料是文章的血肉、结构是文章的骨骼，那么语言就是文章的细胞、文章的基础。古人云："因字而生句，积句而成篇”，语言就是这样构成了文章。离开了语言，再好的主题、材料、结构都无法表达，无所依托。

第二节 应用文语言的特点

应用文语言的特点是在长期的实际操作中形成的。人们办同一件事，使用同一类文种，说同一类型的话，时间长了，使用多了，得到了社会的认可，这些话就在使用时固定下来，形成了自己的语言特点。

一、词语的稳定性与选择性的统一

应用文词语的稳定性，是指某些固定的词语相对稳定地用于某些应用文书。例如介绍信的开头总以“兹有”开启下文，许多公文的结尾都以“特此”一词收束全文，如“特此通告”、“特此函复”等。没有这些相对固定的词语出现在相对稳定的位置，就会使人觉得怪异。

另外，不同行业有各自的专业用语。如金融文书中的信贷、资金平衡、银根、币值、盘子、寸头等专业术语用于专业应用文中，具有相对稳定的作用。

此外，应用文书中数词、介词、介词词组的运用都有其稳定性。

应用文词语在具有稳定性的同时，也具有选择性。恰当地选择词语，可以增强文章表达效果。机械地理解“稳定性”，写作中用来用去就那么几个词，机械呆板，可读性就差了，甚至影响到办事效率。

二、句法的稳定性与灵活性的统一

句法的稳定性是指某些类型的句子在应用文中占有很大的分量和比例。应用文中，陈述句用得最多。总结中要汇报情况，请示时要阐述原因，求职信中要作自我介绍等，主要靠陈述句组织文章。其次是祈使句的运用。应用文是为了一个明确的、实用的目的而写，在陈述的基础上，往往就要提出要求，无论是上级对下级还是下级对上级，如“以上通知，请遵照执行”、“以上请求，望领导批准为荷”等。有人仔细阅读了我国的《婚姻法》、《宪法》，得出此两“法”用的全是陈述句的结论。而在《环境保护法》和《关于党内政治生活中若干准则》中，除了陈述句就是祈使句。因为陈述句便于直接明确地陈述事务，祈使句则要求人们做什么或不做什么，这正符合应用文据以办事的原则。

应用文中较少运用感叹句，疑问句也少见。

当然，在保持稳定性的基础上，适当地求新、求变，恰当地选用句式，可以使行文变化多姿，从而增强文章语言的表达效果，增加文章的外在美。例如，对事物下定义时宜用长单句、判断句；叙述事物时宜用短句；发号施令时宜用短句、单句、主动句。总之，选用什么样的句式，要根据表述的内容灵活掌握。

第三节　应用文语言的要求

准确、简明、得体、生动是对所有文章语言的要求，无论是文学作品还是非文学作品。但不同文体的文章，在语言要求上又同中有异，各有侧重。

一、准确

准确，即用最恰当的词语和句子反映客观事物，表达作者思想。准确是对文章语言的基本要求。

要做到准确，首先要认真辨析词义，就是弄清每个词的确切含义，区分其和其他近义词的细微差别。选词准确，意思表达才能精当。如“收集”与“搜集”，“鼓动”与“鼓励”意思相近，但用法是有区别的。又如“不能”、“不准”、“严禁”都有“不允许”的意思，但在表意程度上却很不一样。

其次要区别词的感情色彩。词有褒义、贬义之分，还有中性词，不含褒贬。如“分散”和“涣散”都有“不集中”的意思，“涣散”是形容词，贬义；“分散”是动词，中性词。用“士气涣散”就恰当，“士气分散”就不行。“请求”和“恳求”都是动词，都是对人有所要求的意思，但“恳求”更迫切、更虔诚。

再次，应用文中经常需要用数字来说明问题或揭示事物之间的数量关系，运用数字时也要准确。

最后要强调的是在应用写作中，须字字准确。写错别字有时不仅会导致经济损失，还可能损害政府或单位的形象和公信力。这些现象时有发生，应当避免。

二、简明

简明，即用较少的文字表达清楚较多的内容，“文约而事丰”。

要做到简明，作者要思维清晰，要抓住事物的本质和关键，然后用简练的语言进行高度概括和准确的表述。表述时要做到“文中不可有冗章，章中不可有冗句，句中不可有冗字”。“冗”，即“闲散的，多余无用的”意思。当代知名画家黄永玉在《斗室的散步》中说：“写文章跟拍电报那样计较字数，一定是篇好文章。”这是经验之谈。

“明”的第一层含义是应用文的语言贵在明晰。“一是一，二是二”，一般不宜含蓄、委婉，留下供人想象的余地，这样会让人吃不准、摸不透。有时，因为词、句没有确定的含义，会有多种解释，留下漏洞和口实，不好操作，甚至被人钻空子。

“明”的第二层含义是考虑周到。例如，一份会议通知，开会的时间、地点、人物、议题都有了，似乎很明确、周全了，但人物中“总支书记”未点明是正、副书记都要参加还是只要正书记参加，抑或主管某项工作的书记参加，让人不“明”。另外，还应注意用词通俗，不用生僻晦涩的字句。

应用文在运用数字时，有时会碰到复杂的运算。此时，只要写出计算的结果，不宜表述计算过程，以防过于复杂，让人看不明白。

“明”的第三层含义是模糊语言的巧妙运用。模糊语言是指一种外延不确定的、表意上比较含糊的，而在运用上具有弹性的词语。如某份国际学术会议的文件中写：“……外国专家到达后，可选择适当时机宴请一次。对零星来华的，尽可能集中宴请。”“适当时机”、“尽可能”都是模糊词语，因为无法落实具体时间，明确了反而不好办。这种“模糊”与“明白”是对立的又是统一的，是为了加强精确度的模糊。

需要指出的是，“简”要得当，不能苟简，“简”得让人不明白或者产生歧义也不行。某单位为了让人参观学习，在醒目的地方挂的横幅上写着“五讲四美三热爱，六个遵守七不要”，一堆简缩词语，使人如堕五里雾中，摸不着头脑，不可取。

三、得体

得体，即按文体要求遣词造句。行文时，要求考虑作者自己的身份、阅读的对象、约稿的单位、写作的目的，甚至还要考虑到与客观环境的和谐一致，做到恰到好处。比如需要登报或张贴的，语言要通俗易懂；需要宣读或广播的，语言应简明流畅，多用口语。

得体，还要求和所写的文章体例相符。颁布政策法令应庄重严肃，报喜祝捷要热烈欢快，提出申请该委婉平和，分析问题必须有理有据。总之，作者要按文体要求遣词造句，保持该文体的语言特色和语言风格。

四、生动

生动，就是言辞形象、有活力，能吸引人。这个要求似乎是对文学作品而言，因为文学和形象是分不开的，要塑造栩栩如生的形象，必须借助于生动的语言。其实，应用文中有些文种的语言也是要求生动的，如讲话稿、调查报告、总结等。此类文章的生动性，主要表现在精心选择词语（尤其是动词的运用）、复述简明传神和恰当运用一些修辞手法，如引用、比喻、排比等。如在介绍某企业不断更新产品时写道："……手里攥着一个，嘴里叼着一个，眼睛还盯着一个。"某篇调查报告中写当今择偶观："婚姻的含金量增大了。"某人在总结自己的一生时曾说："四年军阀混战打不死，八年抗战炸不死，三年经济困难饿不死，十年浩劫斗不死。"一组排比，十分传神。本章所附例文（见本书 34 页），标题就是一个比喻，将股市熊市的即将来临比喻成"冬天来了"。行文中写道："在一片喝彩的掌声中，背后的乌云和雷声已越来越近"，让读者如听其声，如见其形，生动形象。

应用文语言的生动，千万不能刻意去追求，字、词本没有高低贵贱之分，用在恰当的地方就会生动起来，用得不恰当就有做作、卖弄之嫌，作者要培养自己驾驭语言的能力，于平淡中见神采，呈现出语言本色之美。

第四节　应用文的表达

表达是一种运用语言反映客观事物的手段。人们在使用语言文字进行表达时，目的不同、方法各异，或叙事明理，或介绍事物，或阐明观点，或抒发感情，或描摹形象，于是就产生了叙述、说明、议论、抒情、描写这些语言的表达方式。下文将这五种表达方式一一介绍。

一、叙述

叙述是作者对人物的经历和事件的发展变化过程以及场景空间的转换所作的叙说和交代。无论是文学作品还是非文学作品都要用到叙述，叙述是最基本、最常用的表达方式。

根据作者在叙述中的身份和位置，可以把叙述的人称分为第一人称"我"、"我们"和第三人称"他"、"他们"两种。有的文章在叙述时用了第二人称代词"你"，以"你"为叙述人进行叙述，但是叙述的观察点和立足点仍然属于第一人称"我"的。叙述的方法有顺叙、倒叙、插叙、补叙、平叙五种。

在应用文中，介绍工作过程、交代事实原委、反映变化情况、汇报典型材料等都要用到叙述，但在实际运用这一表达方式时，它与文学作品的叙述是有区别的。

应用文的叙述有以下特点：

（一）如实叙述

应用文的叙述应符合生活的真实，不应为了某种需要而夸大或缩小。如市场调查所叙述的材料不真实，就会使企业决策错误，蒙受损失。文学作品允许“艺术的真实”，使文章波澜起伏，从而感染读者。

（二）交代清楚

应用文要将叙述的六要素——何时、何地、何人、何事、何因、何果交代清楚。有时，这六要素中有的要素可以省略，但应以读者对事情有较清楚全面的了解为前提。文学作品交代六要素没有这么严格，有时可以略而不提，有时交代不够清楚，只要不影响读者对情节的理解即可。

（三）概述为主

应用文多用简明扼要的概括叙述，不要求展开情节细致地记述事件的过程，即使是比较详细的典型材料的叙述，也不宜像写小说那样铺陈、细描，而是尽可能用概括的语言，说明它的前因后果、来龙去脉。初学写应用文的人，要特别注意把握好这个分寸，做到言简意赅。

（四）线索平直

线索是架构文章的脉络，应用文在叙述过程中要理清线索，不迂回铺陈，不拐弯抹角。平铺直叙，通常采用顺叙，即按时间的推移、事件的发展顺序来写，这样便于读者尽快地掌握事情的来龙去脉。而文学作品最忌平铺直叙，往往几种叙事方法交替使用，叙述节奏有张有弛，有时含蓄委婉，有时峰回路转，这样才能吸引读者。

二、说明

说明是用言简意赅的文字对事物、事理进行解说的表达方式。说明的目的是为了使读者了解事物、明白事理，一句话，就是“知物、解事”。说明可以使读者对事物的形状、性质、成因、构造、功能，对事理的概念、内容、规律、特点、关系等有一个鲜明的了解和认识。产品说明书、商业广告、市场预测报告、合同、计划等应用文书都经常使用说明的表达方式。

常用的说明方法有定义法、诠释法、分类法、比较法、例证法、数据法、图表法等。在应用文中，介绍事物、剖析原因、提出方案等都要用到说明。

说明的要求如下：

（一）抓住特征

所谓特征，即此事物区别于彼事物的标志。使用说明时必须对被说明的事物有深入细致的了解，抓住区别于其他同类事物的外部特征和内在本质，准确地反映事物的结构、状态、规模、性质等情况，指出事物的独到之处。

（二）注意顺序

说明的顺序一般有时间顺序、空间顺序、时空顺序、逻辑顺序。选用什么顺序进行说明，视被说明对象的情况而定。运用逻辑顺序说明，要注意从总到分、从主到次、由浅入深、由表及里的逻辑顺序，分条分类地进行。

（三）态度客观

说明的态度应该冷静客观，不夸大、不缩小，不能以作者的主观兴趣与好恶作为解说事物的标准、阐明事理的依据，要求站在公正无私的立场来介绍，即符合客观性。

（四）语言平实

说明的语言应该平易朴实，简明准确。因为平易朴实的语言更能让读者明白，便于操作，而且平实准确的说明能使文章更精练，更具科学性和可信性。

三、议论

议论是作者运用各种材料进行逻辑推理来阐明自己观点的一种表达方式。它分为立论和驳论两大类。

议论的三要素是论点、论据、论证。论点是作者对所论述的问题提出的见解、主张和表示的态度；论据是用来证明论点的理由和依据；论证是运用论据证明论点的过程。这三者在议论文中是紧密相连的。

论证的方法多种多样，常用的有归纳法、演绎法、比较法、分析法、例证法、引证法、喻证法、归谬法、反证法等。应用文中常用的是引证法、例证法、比较法、分析法等。

各类文体或多或少都要用到议论这一表达方式，但不同的文体对议论的要求不同。议论文的议论必须具备论点、论据、论证三大要素，有完整的逻辑推理过程，它往往是在对某类问题进行介绍或分析之后，提出解决的办法和意见，然后进行画龙点睛式的议论，绝不允许脱离实际去空发议论，反复论证。如某篇批评通报，领导的态度是："我们认为这样处理是符合我系统职工奖惩条例规定的，是恰当的、严肃的。"至于为什么这样认为，没有必要反复论证。一句话就下了结论，感情色彩庄重。

除了上述三种表达方式之外，还有描写、抒情这两种表达方式。描写就是把反映对象的状貌、情态描绘出来。描写分人物描写、环境描写、细节描写、场面描写等几种。描写的方法主要有细描、白描、侧写、烘托等几种。抒情即抒发作者的感情。抒情分直接抒情和间接抒情两种。间接抒情又有依事抒情、据理抒情和借景抒情等几种方法。在应用写作中，绝大多数文种不宜采用描写和抒情，只有在书信、广告词、介绍文等少数文种中使用，这里不再细述。

例文

冬天来了，准备过冬吧

大家也许还记得，在二月的员工大会上我说过："冬天要来了，我们要准备过冬！"当时很多人不以为然！其实我们的股票在上市后被炒到发行价的近3倍的时候，在一片喝彩的掌声中，背后的乌云和雷声已越来越近。因为任何来得迅猛的激情和狂热，退下去的速度也会同样惊人！我不希望看到大家对股价缺乏理性的思考。

我们对全球经济的基本判断是经济将会出现较大的问题，未来几年经济有可能进入非常的困难时期。我的看法是，整个经济形势不容乐观，接下来的冬天会比大家想象的更长！更寒冷！更复杂！我们准备过冬吧！

面对冬天我们该做些什么呢？

第一，要有过冬的信心和准备！

冬天并不可怕！可怕的是我们没有准备！可怕的是我们不知道它有多长、多寒冷！机会面前人人平等，而灾难面前更是人人平等！谁的准备越充分，谁就越有机会生存下去。强烈的生存欲望和对未来的信心，加上充分的思想和物质准备是过冬的重要保障。

阿里集团在经历了上一轮互联网严冬、非典等一系列打击后，我们具备了一定的抗打击能力。去年对上市融资机会的把握，又让我们具备了二十多亿美元的过冬现金储备。

2001年我们对自己说过："Be the last man standing！"即使是跪着我们也要最后一个倒下！凭今天阿里的实力也许我们不会倒下，但是今天的我们肩负着比以往更大的责任，我们不仅仅要让自己不倒下，我们还有责任保护我们的客户——全世界相信并依赖阿里巴巴服务的数千万的中小企业不倒下！

在今天的经济形势下，很多企业的生存将面临极大的挑战，帮助他们渡过难关是我们的使命——是“让天下没有难做的生意”在今天最完美的诠释！我们要牢牢记住：如果我们的客户都倒下了，我们同样见不到下一个春天的太阳！

第二，要做冬天该做的事！

一个伟大的公司绝不仅仅是因为能抓住多少次机会，而是因为能扛过一次又一次的灭顶之灾！2002—2003 年，我们抓住了互联网的寒冬大搞阿里企业文化、组织结构和人才培养建设。今天，我们在感谢去年上市给我们带来机会的同时，也要学会感谢今天世界经济调整给我们带来的巨大机遇。我们希望有几年的休整时间，感谢这个时代又给了我们一次这样的机遇。

我们经过深思熟虑，决定基于我们一贯的“客户第一，员工第二，股东第三”的原则，明确阿里未来十年的发展目标：

1. 阿里集团要成为全世界最大的电子商务服务提供商！

2. 打造全球最佳雇主公司！

要实现以上目标首先要抓住这次过冬的机遇！一个伟大的公司同样会体现在经济不好的形势下，仍然以乐观积极的心态去拥抱变化并在困难中调整、学习和成长。

中国市场的巨大潜力和对世界经济的积极影响力将会在未来世界经济体中发挥越来越大的实质性的推动作用，我们庆幸地看到世界各国的领导人比以往更懂得协同和交流，我们看到全世界在共同面对疾病、海啸、地震、大气变暖等自然灾害上的高度统一，于是我们有理由相信世界各国将一定会在经济发展这个关乎人类社会生存和发展的重要问题上表现出更为积极的努力和智慧。

我也坚信这次危机将会使单一依靠美元经济的世界经济发生重大变化，世界经济将会走向更加开放、更加多元化！而由电子商务推动的互联网经济将会在这次变革中发挥惊人的作用！“拉动消费，创造就业”必将是我们电子商务在这场变革中的巨大使命和机会。

我们坚信电子商务前景光明，并能够真正地帮助我们的中小企业客户改变不利的经济地位。十年以后，因为今天的变革，我们将会看到一个不同的世界！

（摘编自阿里巴巴集团董事局主席马云发给阿里巴巴全体成员的公开信，作者马云，刊于《新快报》2008 年 7 月 31 日）

思考与练习

1. 什么是应用写作？应用文指什么？

2. 应用写作的特点有哪些？

3. 应用文的作用是什么？有哪些学习要求？

4. 试述应用文主题的概念及作用。

5. 谈谈应用文主题的特点及确立主题的原则。

6. 应用文主题的表现方法有哪些？

7. 什么叫材料？其作用如何？

8. 如何分析鉴别材料？选择材料的原则是什么？

9. 安排文章结构的条件和原则分别是什么？

10. 为什么说主题、材料、结构、语言是文章的四大要素？

11. 下面四段话，从不同的角度加以分析，均可以产生好几个主题，请你给每一段话拟三个不同的主题，用主题句表现出来。

（1）国外有两家鞋厂，各派一位推销员到太平洋某个岛屿去推销本厂的产品。上岛后不久，他们各发回一份电报。一位的电文是："此岛上的人都不穿鞋子，明天我就回去。"另一位的电文是："太好了！这个岛上的人都没有穿上鞋子，我打算长驻此岛。"

（2）齐国的齐宣王，喜欢听合奏，南郭先生不会吹竽，也混在其中。后来齐湣王即位，他喜欢听独奏，南郭先生只有逃之夭夭。这是成语"滥竽充数"的由来。

（3）某日，某国驻广州领事馆的外交官员去珠江三角洲的某市参观，市长亲自接待，但因讲不好普通话请了一个翻译，本来10分钟就可讲完的内容，结果用了20分钟。此外交官用标准的普通话问：广东不是在大力推广普通话吗？

（4）一辆满载瓦瓮的大车在山间行驶。忽然，车子出了毛病，不能再走，把山道给堵死了。不一会儿，前前后后聚集了很多车辆，大家都很着急，但想不出办法。这时，有个叫刘颇的向车主问明车辆与所载瓦瓮的价格，如数付了钱（全部买下的意思），随即招呼众人一起动手，把装瓦瓮的车子推下山崖。其他车辆又欢快地继续赶路了。

12. 文章材料练习

（1）下面是一个规范段，段旨句为"自学苦中有乐"，看看材料的使用是否恰当。

自学苦中有乐。从古至今，许许多多的人经过自学成为伟大的科学家，他们都是经过苦练而成才的。当今，有些大学生不珍惜优越的学习条件，追求吃喝玩乐，把大好光阴给浪费了。我是一个科级干部，在新的形势下自感知识不足，为了适应新形势的需要，我报考了××大学成人函授班，函授班以自学为主，教师辅导为辅，希望通过学习获取知识。

（2）下面这段话用了几个材料，各属于什么类型的材料？

如何提高旅游业的创汇水平？不能一味提高住宿收费标准，而应在改善经营管理上下工夫。当年南美一些国家看到一时客源多，便沾沾自喜，盲目地大幅度提高收费，结果把游客吓跑，致使刚刚兴起的旅游业一蹶不振。这个教训应引以为戒。笔者获悉，北京旅游宾馆的床位价格与香港相近，香港一年接待游客 300 万，而北京同期只接待 60 万。这显然与管理水平有关。世界各地旅游业目前都在设法降低成本，以提高竞争能力。显然，盲目提高收费有悖时宜。

13. 现在要做一份西瓜销售的市场预测，了解到的材料如下：

（1）今年我省共种植西瓜×公顷。

（2）我省西瓜上市时间预计为×月上旬。

（3）我省西瓜亩产估计为×万千克。

（4）市场销售×千克，制作饮料罐头×千克，运往外省×千克。

（5）外省西瓜在×月进入广东市场。

（6）我省西瓜在上市的初期、中期、后期的价格情况。

请你以上述材料为依据，拟一个写作提纲。

14. 日本作家小林多喜二说：“正如‘结构’两个字的字面含义是盖房子一样，不管你的材料多么优良，不管你的目的多么高尚，如果盖得不好，摇摇晃晃，结果是毫无用处的。”

请指出：①这段话说明了结构与哪些写作要素有关？是什么样的关系？②这段话指出了结构在写作中具有什么地位？

15. 仔细阅读下面的文章，指出结构混乱的地方，并将文章调整到最佳程度：

澳洲孩子怎么学语文

（1）澳洲小学从三年级开始就让学生写研究报告。或者说，他们的作文学习是从写研究报告开始，并且贯穿始终的。我见过当地小学生写的报告题目有“埃及金字塔”、“人的心脏”和“国家的管理研究”等。教师给出研究题目，并且告诉学生报告的内容要求和写作格式，由学生自己去图书馆和国际互联网上去查找资料，按要求完成。

（2）下面我想用孩子所在学校的一个教学实例来说明。

（3）这种教学方法有一举多得的好处。要求学生自己查找资料，进行分析整理，最后用文字作客观的表述。在这个过程中不仅学习了知识，锻炼了收集和分析资料的能力，同时也学习了写作技能。这种方式有助于学生从小养成理性的思维习惯和科学的工作态度。

（4）这所公立小学六年级的学生要完成一项关于国家管理的研究报告。教师把全班学生分成若干小组，每组5人。5人分别研究国家总督、总理、国家机构、州政府和地方政府。然后，学生分头去图书馆和互联网查找资料。

（5）我曾在澳大利亚旅居两年多，那里的教育有许多值得我们借鉴的地方。

（6）完成资料收集后的学生并不马上回到自己的组里，而是和其他组中收集同一类资料的同学进行交流，使每个人所掌握的资料都更加充实。然后，回到自己的研究小组中去，进行关于国家管理的综合讨论。

（7）在这次研究活动中，学生不仅学习了写作和演说，还学习了如何行动，当然，通过这次活动，“国家”对于学生们来说，其含义也不再仅仅是每周一次的唱国歌、升国旗和校长训话了。

（8）“竞选”的日子到了。每个小组都推出代表发表“执政”演讲。六年级其他班的同学作“选民”参选，场面十分热烈。最后由“选民”投票选出了“总理”。

（9）下一步的做法是每个研究小组都成立一个内阁，每个成员担任一个“部长”，他们根据对国家的研究结果提出“本届政府”的执政纲领。

16. 在一篇抗震救灾工作报告中，要介绍救灾工作进展情况，下列9个小标题应该如何排序。

（1）精心救治伤病人员。

（2）加强卫生防疫工作。

（3）抢修损毁基础设施。

（4）及时公布灾情和抗震救灾工作情况。

（5）做好灾后重建准备。

(6) 迅速解救被困群众。

(7) 降低次生灾害威胁。

(8) 全力安置受灾群众。

(9) 做好物资的保障和监管。

17. 修改下列病句:

(1) 今年的小麦和粮食又获得了大丰收。

(2) 公安部门将这些不法分子逮捕法办,确实罪有应得。

(3) 他把两只眼睛瞪得像两个太阳一样。

(4) 犯罪团伙如雨后春笋般从地面露头了。

(5) 中秋之夜,朦胧的月儿像瞌睡人的眼。

(6) 随着匆匆的列车,我跨入××大学的校门。

(7) 为了搜集材料,他一年365天,没有一天晚上不是在图书馆度过的。

(8) ××市永兴果品交易市场,去年办场7个月,经营金额达506万元,比去年同期增加了54.04%。

(9) 读了这本书,使我懂得了一个人应该有革命的理想。

(10) 校园里随时可以看见沉思的身影和琅琅的读书声。

(11) 复方灵芝片主治喘息、气管炎、神经衰弱、心力衰竭、健胃强壮、消化不良。

(12) 本刊从第三季度起取消限额发行,读者可以敞开订阅。

18. 给下文加上标点符号:

国务院办公厅

关于公司名称冠以"中国"字样问题的通知

各省　自治区　直辖市人民政府　国务院各部委　各直属机构

为规范公司名称　加强对公司名称的管理　根据国务院决定　现通知如下

今后　除国务院决定设立的公司外　其他新设立的公司　包括其他各类经济实体一律不得在名称中冠以中国　中华　全国　国家　国际等字样

中华人民共和国国务院办公厅

一九九×年×月×日

19. 下面是某制药厂生产的"感冒清胶囊"的说明书的主体部分,请对这段说明作结构上、文字上的修改。

感冒初期轻症,俗称伤风,如喷嚏、鼻塞 、流涕、咽痛、咳嗽等病情继续发展，而感染病毒引起呼吸道传染病。主要表现在上呼吸道局部的炎症病状为主，出现高热、剧烈头痛、全身疼痛、四肢关节痛、咽痛、咳嗽、痰多、声嘶等症。

上述的症状，因职业的影响，劳累过度，休息不同，年老体弱等，因而使整个人抵抗力减弱而感染发病。

虽然感冒都比较容易恢复，但也有人可能会继续发鼻窦炎、中耳炎、咽喉炎、支气管炎或肺炎等疾病，因而经久不愈。

感冒清是根据上述疾病，搜集民间验方，采用金盏银盆等中草药精制品与抗病毒新药药物。

按照中西医结合的原则制成的胶丸，感冒清是感冒特效良药，它有消炎退热的功效，特别对病毒性感冒有显著效果。

20. 作文练习

（1）《中学作文回顾》。

（2）《大学（中专）生活一个月（半个月）》。

（3）《给亲人（同学、朋友）的一封信》。

（4）《时代需要应用写作》。

（5）《我的自画像》。

（6）阅读下文，写一篇读后感。

江苏人才市场招聘遭遇尴尬

文科生写不好邀请函

人民日报讯：80多个文科毕业生竟没有几个能写出一份完整的邀请函。江苏省人才市场目前举行招聘会时，遇到这样一件令人深思的尴尬事。

江苏省人才市场此次拿出10个岗位面向毕业生招聘，经过筛选，八十多人入围。其中，南京某知名大学新闻系的一名女生特别出众，自荐材料显示不仅几乎每年都获得奖学金，且获奖的各种荣誉证书的复印件有十几张，尤其是在数家报社实习发表的厚厚一摞作品更令她“高人一等”。招聘人员事后说，他们当时决定，如果这名女生考试通过，就录取她专门从事宣传工作，但结果大大出人意料。考试中，有一题是根据素材写一则邀请函。这名女生在正文部分将素材罗列了一下，不仅题目没有“邀请函”字样，文章也没有抬头，时间、地点则被移到了“备注”里面。

据了解，参加考试的80多名考生拟出的邀请函，绝大部分“缺胳膊少腿”。

（《新民晚报》2004年3月31日）

第二编

公文写作

[导言]

通过本编的学习，了解公文的概念以及公文的特点、作用、分类、行文规则和格式，认识13种行政公文的作用及使用范围，并能选择正确的文种撰写常用公文。

第一章　公文概述

第一节　公文的概念与特点

一、概念

公文是公务文书的简称。广义的公文是指党政机关、群众团体、企事业单位用以处理公务的应用文书。行政公文则是“行政机关在行政管理过程中形成的具有法定效力和规范体式的文书，是依法行政和进行公务活动的重要工具”。需要一提的是，1996 年中共中央办公厅印发的《中国共产党机关公文处理条例》指出：“党的机关的公文，是党的机关实施领导、处理公务的具有特定效力和规范格式的文书，是传达贯彻党的路线、方针、政策，指导、布置和商洽工作，请示和答复问题，报告和交流情况的工具。”党的机关的公文文种有：决议、决定、指示、意见、通知、通报、公报、报告、请示、批复、条例、规定、函、会议纪要，共 14 种。其中，决议、指示、公报、条例、规定这五种文种是行政公文中没有的。本教材依照中华人民共和国国务院于 2000 年 8 月 24 日发布，并于 2001 年 1 月 1 日起施行的《国家行政机关公文处理办法》（以下简称《办法》）中规定的 13 种公务文书编写。为了方便行文，下面将行政公文一律简称为“公文”。

二、特点

（一）目的的政治性

公文是国家进行管理活动、行政机关行使职权的一条重要渠道，是各级政府及其部门依法行政和进行公务活动的重要工具。它体现的是国家的根本利益，反映的是政府职能部门的意志。因此，公文的制发是一种政治活动，它同国家的方针政策是密切相关的。这是公文的本质特征。

（二）内容的权威性

公文是由政府部门特定的机构和工作人员制作的。我国刑法规定：任何人无权假冒任何机关或组织名义擅自发文，对于伪造公文的人要依法追究。公文代表政府的意志和态度。在其发文范围内，公文具有行政约束力，同时还有法定效力。对于公文中下达的命令和法规条文等，有关人员、有关机构都要遵照执行，不得等闲视之。在特定的领域内，公文是权力和威信的象征。

（三）体式的规范性

“体”即文体，“式”为格式。公文的种类、格式、制发程序等，都是由国家有关部门统一规定的，不能任意改动。规范性主要体现在三个方面：一是公文的种类。不同种类的公文，其适用范围有所不同。因此，准确选择文种，是进行公文写作的第一步。二是公文的格式。每一种公文的制作，从标题、正文到落款都有其特殊的规定和要求。公文的行文目的是否能实现，跟格式是否正确也有关系。三是公文办理有一定的处理程序。从发文到收文都须经过一系列手续。同时，公文的规范性也是实现办公自动化的条件之一。

（四）语言的简明性

公文的最终目的是要处理好公务。倘若行文拖沓累赘，让收文者难以知晓，就会导致办事效率降低，甚至贻误时机。要做到简明性，首先，公文的内容要简明扼要，将要办理、要注意的事宜进行概括性的叙述，不说套话、空话。其次，用词要准确，多用书面语及程式化用语。

俗话说：“一字入公文，九牛拔不出。”又说：“笔下有财产万千，笔下有人命关天，笔下有是非曲直，笔下有毁誉忠奸。”所以公文行文一定要慎之又慎，且简洁明了。

第二节　公文的作用与分类

一、作用

（一）凭证作用

公文是单位与单位、部门与部门之间联系工作和开展活动的书面依据。公文具有法定效力，在处理公务时，一切以它为依据。譬如，上级对下级的领导是通过有关公文体现和实现的。上级制发的公文就是下级执行任务的依据，而下级以公文形式反映的问题又将成为上级解决问题的凭证。不仅如此，公文还是公务活动的原始记录，因此，它也成为许多历史事件和社会活动的凭证。

（二）指导作用

领导机关通过公文传达方针政策，作出工作部署，提出工作意见。上级的意见就是对下级的指示，要干什么、该怎么干，都应该按上级的具体安排执行。除此之外，当工作中的某些问题上级不便作出安排时，公文起的是一种引导作用，有关单位要结合本身具体情况参照执行。

（三）沟通作用

上下级机关、平级机关以及不相隶属机关之间都会有工作上的联系，因此，沟通是做好工作的一个条件。公文在其中起到了桥梁作用，让大家互相了解彼此的情况，交换信息，交流经验，共同商讨，以协调、配合工作。

（四）限制作用

各种带有强制性的公文，如命令、决定等，是公务活动乃至个人行为的准绳，对其有所限制。所有人、所有单位都必须贯彻执行有关条文，不得违反。这也体现了公文的法律效力和权威性。

（五）晓谕作用

亦即公文的宣传教育作用。公文是宣传党和国家的方针政策以及法规条文的主要渠道。通过公文的传达，还可以让群众了解领导的意图，统一认识和看法，使工作能更好地开展。

二、分类

由于公文有行文关系、内容性质、使用范围等方面的不同，其分类的标准也就有所区别。从不同的角度可以把公文分成不同的类别。

（一）按使用范围分

根据国务院2000年8月24日颁布的《国家行政公文处理办法》中的有关条文，可将公文分为13种：命令（令）、决定、公告、通告、通知、通报、议案、报告、请示、批复、意见、函、会议纪要。

（二）按行文关系分

（1）上行文，即下级机关向所属的上级领导机关行文。如请示、报告等。

（2）平行文，即平级机关或不相隶属机关之间的行文。如函、通知、议案等。

（3）下行文，即上级机关向下属的机关行文。如命令（令）、决定、公告、通告、通报、批复等。

有的公文文种同时具备多种行文方向，如“通知”，可以用作下行，也可以用作平行；“意见”则既可下行，也可上行、平行。

(三) 按公文的作用分

(1) 指挥性公文，即上级机关制发的，用来对下级机关进行指挥、管理的公文。如命令（令)、决定、批复等。

(2) 报请性公文，即向上级机关汇报工作、反映情况、提出建议或请求指示、批准的公文。如报告、请示等。

(3) 知照性公文，指将有关事项和要求告知大众的公文。如公告、通告、通知、决定、通报等。

(4) 商洽性公文，指与有关部门商量探讨问题的公文。主要是函。

(5) 记录性公文，即用来记载会议内容，传达会议精神、议定事项等情况的公文。主要是会议纪要。

公文分类的方法还有很多，比如从密级来分有绝密件、机密件、秘密件和普通件；从时限要求分有特急公文、紧急公文、常规公文等；从公文的来源分有外发公文、收来公文等。

第三节　公文的行文规则

《办法》中对公文的行文规则的规定共有 11 条。《办法》第十三条规定："行文应当确有必要，注重效用。"这是行文的宗旨，不得事无巨细，一律行文。其他内容可以归纳成以下五个方面。

一、分清关系

《办法》第十四条规定："行文关系根据隶属关系和职权范围确定，一般不得越级请示和报告。"

行文关系，是各级行政机关之间的组织关系在公文运行秩序中的体现。主要是隶属和非隶属的关系，其中又包括上下级关系和平级关系。隶属关系是指同一垂直组织系统中的上下级的直接关系。例如：国务院——省政府——市政府——县政府，教育部——省教育厅——市教育局。县政府隶属市政府，市政府隶属省政府，逐级上推。非隶属关系是不相隶属单位之间的关系，包括平级单位和不同级的单位。例如：市园林局与市财政局，省教育厅与市财政局。前者是平级单位，后者是不同级的单位，但是它们之间都没有隶属关系。

职权范围，是指各行政单位职责权力的范围。行文时如果不顾及这一点，势必会做无用功，难以达到行文目的。例如：该由财政厅处理的事务，如果公安厅擅自接手，向下行文，这种公文是没有法律依据的，也不可能生效。

《办法》第十八条规定："属于主管部门职权范围内的具体问题，应当直接报送主管部门处理。"

《办法》第二十二条规定，除上级机关负责人直接交办的事项外，不得以机关名义向上级机关负责人报送"请示"、"意见"和"报告"。

二、弄清范围

《办法》第十五条规定："政府各部门依据部门职权可以相互行文和向下一级政府的相关业务部门行文；除以函的形式商洽工作、询问和答复问题、审批事项外，一般不得向下一级政府正式行文；部门内设机构除办公厅（室）外不得对外正式行文。"

制发公文时，先要弄清楚各单位之间的隶属关系和行文关系。例如，广州市地税局与广州市教育局可以互相行文。广州市地税局可以向其下属的天河区地税分局下文。但是，如果广州市地税局要向天河区政府行文，就必须事先取得广州市政府的授权，不能擅自行文。

三、联合行文

《办法》第十六条规定："同级政府、同级政府各部门、上级政府部门与下一级政府可以联合行文；政府与同级党委和军队机关可以联合行文；政府部门与相应的党组织和军队机关可以联合行文；政府部门与同级人民团体和具有行政职能的事业单位也可以联合行文。"

《办法》第十七条规定："属于部门职权范围的事务，应当由部门自行行文或联合行文。联合行文应当明确主办部门。须经政府审批的事项，经政府同意也可以由部门行文，文中应当注明经政府同意。"

单位之间联合行文，应该符合"确有需要"。除此之外，还要注意并不是任何单位都能联合行文。例如：广州市政府可以与南宁市政府联合行文，其各自下属的广州市教育局与南宁市教育局也可以联合行文。但是，广州市政府与天河区政府就不能联合行文。这说明联合行文只能发生在平级单位或部门之间。

四、协商规则

《办法》第十九条规定："部门之间对有关问题未经协商一致，不得各自向下行文。如擅自行文，上级机关应当责令纠正或撤销。"

当有关问题涉及几个单位或部门时，首先要取得一致意见，然后才能制作公文。倘若未经协调便随意下文，势必会造成工作上的麻烦，增加新的问题。例如，某单位要建房，此事涉及土地管理、规划等几个部门，如果一个部门批准并下文了，而另一个不批，就使问题复杂化，也使下级单位难以作出决定。

五、抄送规则

《办法》第二十条规定："向下级机关或者本系统的重要行文，应当同时抄送直接上级机关。"

这是就重要的下行文而言的。一般是内容涉及撤换主要领导人、增设机构、批准大型建设项目等的公文。为了让上级机关及时了解情况，这些公文要抄送给直接的上级机关。例如，广州市民政局给下属的区、县民政局的重要文件，要抄送给广东省民政厅。

《办法》第二十三条规定："受双重领导的机关向上级机关行文，应当写明主送机关和抄送机关。上级机关向受双重领导的下级机关行文，必要时应当抄送其另一上级机关。"

另外，《办法》第二十一条，是关于请示、报告的具体要求，本书将在后文介绍如何写请示、报告时阐明。

第四节　公文的格式

一、公文的格式

公文格式包括公文的书面格式、排版、用纸以及装订等。

《办法》第十条规定："公文一般由秘密等级和保密期限、紧急程度、发文机关标志、发文字号、签发人、标题、主送机关、正文、附件说明、成文日期、印章、附注、附件、主题词、抄送机关、印发机关和印发日期等部分组成。"以上这些就是公文的书面格式，下面分三个部分加以阐述。

（一）文头部分

文头，又叫版头，位于文件首页上端，大约占页面的1/3。文头由发文机关、秘密等级和保密期限、紧急程度、发文字号、签发人等组成。

1. 发文机关标志

发文机关是指制发公文的单位。在文件名称部分一定要标注发文机关。发文机关标志由发文机关全称或规范化简称后面加"文件"组成。文件名称写在文头的正中位置。下行文通常是在发文机关（即公文的制发机关）名称后加“文件”字样组成，而上行文或普发性公文则只有发文机关名称。文件名称一般用大号字套红印刷，因此，正式公文又被称为“红头文件”。某些下行文，还可以用制发机关办公室（厅）的名义发文，如“广东省人民政府办公厅文件”。发文机关应当写全称或规范化简称。联合行文，主办机关要排列在前。

2. 秘密等级、保密期限和公文份数序号

需要保密的公文应注明秘密等级。按保密程度的递减等级，分为绝密、机密、秘密三级。在密级后还要加上保密期限。密级的位置在文头右上角第一行。

“绝密”、“机密”级公文还要有份号。份号指一份公文在总印数中的编号，也称为“流水号”。普通的公文大都没有份号。只有秘密等级的公文在文头标注份号，以便于登记、查询和存档。份号位于文头左上角第一行，用阿拉伯数字表示。

3. 紧急程度

紧急程度指公文送达和处理的时限要求。需要紧急处理的公文要根据情况标明“特急”或“急件”字样。某些公文可以在公文标题中出现“紧急”二字，如《关于治理污水的紧急通知》。紧急程度标注在秘密等级的下方。

4. 发文字号

发文字号又称文号，指发文机关对在一年之内所发公文依次编排的顺序号。由机关代字、年份和序号三部分组成。如“国发〔2000〕23号”，表示国务院在2000年度发的第二十三号文件。机关代字是机关名称的缩写，应该准确无误，一般由领导部门统一编定，不得随意变换。年份是发文的年度，一定要用阿拉伯数字，写完整年份，并且只能用六角括号。序号是发文的顺序号，除“命令”之外，序号数字之前不用加“第”字，也不必加“0”。发文字号三个部分的顺序不能调换。联合行文，只标明主办机关的发文字号。发文字号在文件名称下面。公文在刊发时，有时没有必要把文头一并刊出，此时，发文字号要写在标题下面。

5. 签发人

代表发文机关核准并签发公文文稿的领导人姓名。一般公文不必有签发人，但在上行文中要标明。《办法》第十条第五款规定：“上行文应当注明签发人、会签人姓名。（“会签人”指联合行文时各单位签名的人。）其中，‘请示’应当在附注处注明联系人的姓名和电话。”

（二）行文部分

这部分是公文的主体，包括标题、主送机关、正文、附件、发文机关、成文日期和印章等。

1. 标题

《办法》规定："公文标题应当准确简要地概括公文的主要内容并标明公文种类，一般应当标明发文机关。"在实际操作中，公文的标题通常出现三种形式：①完整式。即"发文机关＋事由＋文种"，三要素俱全。②非完整式。包括"发文机关＋文种"或"事由＋文种"两种形式。③文种式。指仅以文种为题的标题，如"通知"。如何选择标题形式，视具体情况而定。对于学习公文写作的初学者而言，不妨多拟三要素俱全的标题进行练习，以此巩固所学知识。标题的事由部分应当准确简要地概括公文的主要内容。事由前面通常要加上介词"关于"。文种的选择要符合有关规定："应当根据行文目的，发文机关的职权和与主送机关的行文关系确定。"公文标题中除法规、规章（包括办法、规定、细则、条例等）名称加书名号外，一般不用标点符号。标题可分一行或多行居中排布，回行时，要做到词义完整，排列对称，间距恰当。

2. 主送机关

主送机关指负责处理公文的主要受理机关。除少量面向全社会或某单位全体人员发布的公文外，均应注明主送机关。上行文、平行文一般只有一个主送机关，而下行文的主送机关可以有多个。书写时应当使用全称或规范化简称，书写位置在标题的左下方，顶格。若有多个主送机关，要按系统级别顺序排列，需要回行时，第二行也是顶格书写，机关后加冒号。

3. 正文

这部分是公文的核心，一般包括缘由、事项、结尾三部分内容。缘由阐明发文的原因、依据或目的。事项是正文的主体，主要是叙述情况、分析问题、说明做法和提出要求等。结尾是公文的结束部分，多用规范化语句作结。在具体操作中，要注意不同文种的写法有所不同。

4. 附件

附件是指附在正文后的一些补充材料。并不是所有的公文都有附件。如有附件，在正文下一行左侧空两格后写"附件"二字，后标冒号，再注明附件顺序、名称和份数。有时附件是公文的重要组成部分，如批转性通知。

5. 成文日期

又称发文时间或"署时"，是公文生效的法定时间。一般公文以机关领导人的签发日期为准；会议通过的公文，以会议通过日期为准；联合行文以最后签发机关领导人的签发日期为准。发文时间大都写在署名下面。有一些特殊公文则可写在标题下方。发文时间一定要用小写汉字，不能用阿拉伯数字，如“一九九九年九月九日”倘若写成“1999年9月9日”就是错误的。“零”写为“〇”。普发性公文没有文头，标题中又没有发文机关名称，在成文日期之上就要写明发文机关名称，应写全称或规范化简称。几个机关联合发文，主办机关要排列在前。

6. 印章

公文要加盖机关公章才有效。公章上不压正文，下不离日期，且要“骑年盖月”。联合行文时，若是上行文，由主办机关加盖印章；若是下行文，所有机关均应盖章。《办法》第十条第九款规定：“公文除会议纪要和以电报形式发出的以外，应当加盖印章。联合上报的公文，由主办机关加盖印章；联合下发的公文，发文机关都应当加盖印章。”

（三）文尾部分

文尾部分包括附注、主题词、抄送机关、印发标记。

1. 附注

附注用来说明公文的传达范围、有关引文的出处，解释有关名词术语。位置在成文日期左下方，主题词上面。

2. 主题词

主题词是反映公文主题内容的规范化词语，其作用是便于计算机检索及管理公文。公文应当标注主题词，上报的公文应当按照上级机关的要求标注主题词。这是为了适应办公自动化的需要。各单位根据自己的实际情况制定主题词，一经确认，不得随意改动。上报国务院或国务院办公厅的公文，必须选用国务院公布的主题词。主题词在附注之下，抄送机关之上。顶格写，每词之间空一格，不加标点。主题词一般是3到5个。

3. 抄送机关

需要了解公文内容但不负责处理和执行的机关，即抄送机关。抄送机关写在主题词之下。

4. 印发标记

即印发机关和印发时间。印发机关多数是机关的办公室（厅）。印发机关和日期位于抄送机关之下的同一栏。在印发机关下面还要加上印刷份数。

下面是一份公文格式示意图：

份号：0000020	机密★五年 特　急
× × 市人民政府 文 件 × ×〔20 × ×〕×号	
关于召开× ×会议的通知 各县人民政府，市府直属机关各单位： 根据省政府× ×。 附件：《× ×省政府关于× × × ×》× ×份 × ×市人民政府（印） 二〇× ×年×月×日 附注：此件发至× × × × 主题词：× × × × × × × 抄送：× × × × × ×	
× ×市人民政府办公厅发	20 × ×年×月×日印
	（共印× × × ×份）

二、公文写作用语的一般要求

（一）使用规范的公文专用语

公文的语言要求准确明晰。写作者除了要加强语言的表达能力外，还要学会运用一些专用语。这些专用语在公文的撰写过程中已基本定型，成为具有公文特色的专门语言。

1. 开头用语

用来说明行文目的、依据、原因等。如：根据、按照、遵照、依照、为了、关于、由于、兹因、兹由、随着、据了解、据反映、据调查。

2. 承启用语

用来承上启下，表示过渡的词语。如：为此、特报告（通报、通知等）如下、提出如下意见、上述、综上所述。

3. 结尾用语

如：特此通告（公告、通知、报告等）、特此函告（达、复等）、并请见复、即希查照、希遵照执行、为荷。

4. 经办用语

用来说明公务的处理情况或要求。如：业经研究、已经、现将、试行、执行、贯彻执行、参照执行。

5. 引叙用语

用来说明收文情况的用语，如：接、倾闻、倾悉、倾获、收悉、欣悉、惊悉。

6. 期请用语

表达发文者期望和要求的词语。如：请、希、望、盼、拟请、恳请、切盼。

7. 征询用语

表示征求、询问意见和态度的用语。如：当否、妥否、可否、是否妥当、是否同意、如无不妥、如无不当。

8. 转用用语

如：批转、转发。

（二）数量表达规范

《办法》规定：公文中的数字，除成文时间，部分结构层次序数和词、词组、惯用语、缩略语、具有修辞色彩语句中作为词素的数字必须使用汉字外，应当使用阿拉伯数字。文中若有计量，必须使用国家法定计量单位。

除此之外，草拟公文时还需注意两点：第一，人名、地名、数字、引文准确。引用公文应当先引标题，后引发文字号。引用外文应当注明中文含义。第二，文内使用非规范化简称，应当先用全称并注明简称。使用国际组织外文名称或其缩写形式，应当在第一次出现时注明准确的中文译名。

三、排版、用纸以及装订

（一）排版

正文用三号仿宋字，一般每面排22行，每行28个字。

（二）用纸以及装订

公文用纸一般采用国际标准 A4（210mm × 297mm）型纸，左侧装订。张贴的公文用纸大小，根据实际需要确定。

《国家行政机关公文格式》对公文的版式有具体细致的规定，制作者必须经过培训才能掌握，这里不一一细说。

第二章 命令（令） 决定 公告 通告

第一节 命令（令）

一、命令（令）的概念和特点

命令（令）是一种下行文，适用于依照有关法律公布行政法规和规章；宣布施行重大强制性行政措施；嘉奖有关单位及人员。

命令（令）的特点：

（一）发文的限制性

《宪法》规定，只有中华人民共和国主席、国务院总理、国务院各部部长、各委员会主任以及县以上各级地方人民政府及其首脑，才可以发布命令。其他任何单位和个人均不得发布命令。从实际操作情况来看，用命令（令）发文的一般是国家最高领导机关及其领导人。

（二）内容的强制性

命令是政府首脑依据法律和有关规定发布的，是权威的表现。一旦公布，任何人、任何机关都要无条件接受和遵守，否则将被追究责任。

二、命令（令）的分类

从命令的内涵看，命令（令）可分为发布令、行政令、嘉奖令。在实际工作中，还有一种任免令。

（一）发布令

发布令是领导机关依照法律规定发布行政法规和规章的命令。文中所发布的法规、规章应列为正文内容。例如：

中华人民共和国国务院令

第524号

《历史文化名城名镇名村保护条例》已经2008年4月2日国务院第三次常务会议通过，现予公布，自2008年7月1日起施行。

总理　温家宝

二〇〇八年四月二十二日

另外，根据宪法有关规定，县级以上的地方人民政府依照职权范围，也可以在其管辖的行政区域内发布命令。例如：

广东省人民政府令

第121号

经2007年12月24日广东省人民政府第十届130次常务会议通过，决定废止《广东省消防重点保卫单位管理暂行规定》第72项政府规章（目录附后），现予公布，自公布之日起施行。

省长　黄华华

二〇〇八年一月十四日

（二）行政令

行政令用于宣布施行重大强制性行政措施。例如，中华人民共和国主席根据全国人民代表大会的决定或全国人民代表大会常务委员会的决定，采取重大强制性措施，发布戒严令、特赦令、动员令等。国务院根据宪法和法律的规定制定重大行政措施，决定省、自治区、直辖市范围内部分地区的戒严并发布戒严令。

（三）嘉奖令

嘉奖令用于嘉奖有关单位及人员。嘉奖令是公文用于表扬的最高文种。例如：

国务院、中央军委关于给武警部队抗洪抢险
先进单位及个人授予荣誉称号和记功的命令
国发〔1998〕83号

公安部、中国人民武装警察部队：

在今年这场规模空前、历史罕见的抗洪抢险斗争中，武警部队坚决执行党中央、国务院、中央军委的决策指示，按照国家防汛抗旱总指挥部的统一部署，全力以赴参加抗洪抢险。先后出动支队和建制团220个，投入兵力5万多人，排除险情3 500多起，加固堤坝938公里，抢修公路278公里，抢救、转移群众3.6万多人，抢运物资价值4.5亿多元，为保护国家财产和人民生命安全做出了重大贡献，涌现出一大批英模单位和个人。为了表彰先进、激励斗志、弘扬伟大的抗洪精神，国务院、中央军委决定给下列8个先进单位和个人奖励：

授予武警部队第九十三师二五三团“抗洪抢险模范团”荣誉称号；

…………

国务院、中央军委希望上述单位和个人认清使命，珍惜荣誉，谦虚谨慎，戒骄戒躁，不断为祖国和人民创造新的业绩。武警部队广大官兵要以他们为榜样，忠实履行维护国家安全和社会稳定的神圣职责，坚决听从党的召唤，为促进改革开放和社会主义现代化建设做出新的贡献；牢记全心全意为人民服务的宗旨，始终把祖国和人民的利益放在第一位，随时准备奉献自己的一切；永远保持和发扬不怕艰难困苦、不怕流血牺牲的革命英雄主义精神，坚决完成以执勤和处置突发事件为中心的各项任务，在党中央、国务院、中央军委的领导下，高举邓小平理论伟大旗帜，深入贯彻党的十五大精神，高标准抓好各项工作落实，为加强武警部队革命化、现代化、正规化建设而努力奋斗！

国务院总理　朱镕基
中央军委主席　江泽民
一九九九年十月五日

（四）任免令

任免令用于国务院或国家主席任免国家高级领导干部。一般单位任免干部不能用命令（令）行文。例如：

中华人民共和国主席令

第1号

根据中华人民共和国第十一届全国人民代表大会第一次会议的决定，任命温家宝为中华人民共和国国务院总理。

中华人民共和国主席　胡锦涛

二〇〇八年三月十六日

三、命令（令）的写法

（一）标题

命令（令）的标题主要有两种写法：①由发文机关、事由、文种组成，如“国务院、中央军委关于授予钱学森同志‘国家杰出贡献科学家’荣誉称号的命令”。②省略事由，如“中华人民共和国主席令”。一般来说，前一种写法中的文种通常用“命令”，而后一种则用“令”。这是语言习惯。

（二）发文字号

命令（令）的发文字号有两种写法：一种与普通公文类似，包括发文机关代字、年号和序号。另一种没有前两项，只标序号。这个序号不是按年度编的，而是从发令机关或发令人的任职开始编号，可以跨年度，直到其任职期满。下任从头编号。

（三）主送机关

如果是向全国范围内发文，可以不写主送机关。有一些命令（令）是发给某一特定单位的，这时候要加上主送机关。

（四）正文

不同类别的命令（令），正文的写法也不尽相同。可参看前面的例文。

（1）发布令的正文比较简单，可以不写缘由，直接宣布有关法规条文，并说明其通过的日期、会议以及施行时间，没有结尾语。其后附法规原文，作为命令的有机组成部分。

（2）行政令，正文包括缘由和事项。先说明发令的原因、目的或依据，再写行政措施的具体内容。要求缘由简明扼要，事项清楚明确。

（3）嘉奖令，正文分为缘由、事项、结尾三个部分。缘由部分概括叙述被嘉奖的单位或个人的先进事迹。事项部分，写明奖励的具体决定。结尾，提出向先进学习的希望和要求。这类命令（令）的事项比较简单，重点在缘由和结尾。缘由不要长篇大论，而结尾也不能草草了事，更不能随意省掉。

(4) 任免令，通常只写任免者的姓名和职务。有的还交代原因、依据、通过任免决定的会议等。

（五）署名和署时

命令（令）的署名是发令机关名称或发令人姓名。一般都是后者。先写职务，再写姓名。署时即领导签发命令的日期。

第二节　决定

一、决定的概念和特点

决定是下行文，适用于对重要事项或者重大行动作出安排，奖惩有关单位及人员，变更或者撤销下级机关不适当的决定事项。决定的特点是：①知照性，即将某些事项的结论告知大众。②指挥性，即对某些重大行动作具体部署。无论是何种内容，决定对有关单位和个人都起行政约束作用。

决定的发文机关比较广泛，可以是国家最高权力机关，也可以是一般的行政、企事业单位。但就内容而言，应该都是对发文机关有重要意义的事项或行动。

决定与命令的区别：①决定的发文机关级别没有限制，而命令对使用者的资格作了严格规定，不是任何机关或个人都能使用的。②写作时，决定比较具体，要交代事项的执行要求及标准等；而命令则是概括式的，主要体现发文者的意志。

决定和决议的区别：①决定是行政机关的公文，而决议是党的机关公文。②决定是领导机关在职权范围内对工作作出的决策与安排，而决议适用于经过会议讨论通过并要求贯彻的事项，是会议文件。③决定是机关领导研究后作出的，而决议一定要经会议表决通过。因此，两者在写作方法上也不同。决议强调“会议”二字。

二、决定的分类

（一）事项决定

包括设置机构、审批文件、人事安排和召开会议等具体事项的决定。

全国人民代表大会常务委员会关于
修改《中华人民共和国个人所得税法》的决定

（2007年12月29日第十届全国人民代表大会常务委员会第三十一次会议通过）

第十届全国人民代表大会常务委员会第三十一次会议决定对《中华人民共和国个人所得税法》作如下修改：

第六条第一款第一项修改为："工资、薪金所得，以每月收入额减除费用二千元后的余额，为应纳税所得额。"同时，对"个人所得税税率表一"的附注作相应修改。

本决定自2008年3月1日起施行。

《中华人民共和国个人所得税法》根据本决定作相应修改，重新公布。

全国人民代表大会常务委员会

二〇〇七年十二月二十九日

（二）行动决定

对一些影响重大的行动作出决策和安排，提出政策措施和指导思想，要求下属在规定的范围内遵照施行。这类决定常带有法规性质。如"国务院关于调整撤并部门所属学校管理体制的决定"。

（三）奖惩决定

决定可以用于奖惩有关单位及人员，即表彰决定和处分决定。表彰决定用于表彰有关单位及人员，如"关于表彰广东省××××年南粤优秀研究生的决定"。处分决定是处分类的最高级别的行政公文，它最高可用于开除党籍、开除公职和移送司法机关。例如，2008年中秋节，四川省巴中市政府办公室发了一份中秋节放假通知，行文中误将"中秋节"写成"端午节"，结果巴中市政府发布了"对综合科科长×××，副科长××、××作出免职的处理决定"。这是南方都市报2008年9月18日报道的一则消息，标题为"将'中秋节'写成'端午节'——放假通知出错，巴中三干部丢官"。

（四）变更撤销决定

用于变更撤销下级机关不适当的决定。宪法规定，全国人大常委会有权撤销国务院及各级地方权力机关制定的同宪法、法律相抵触的法规和规定；国务院有权撤销各部、各委员会、地方各级行政机关不适当的决定。这类决定在实际中很少见。

三、决定的写法

（一）标题

决定的标题一般由发文机关、事由和文种三部分组成，如前面的范文。也有省略发文机关的情况，如“关于加快电力建设若干措施的决定”。

（二）主送机关

根据公文的发文情况来确定。如果发文范围广泛，可以不写主送机关；如果是向某些单位发文，就要写清楚具体的机关名称。

（三）正文

决定的正文包括缘由、事项和结尾三部分。根据具体内容的需要，有以下三种写法：

（1）详写缘由，略写事项，有结尾。比如表彰决定和处分决定。被表彰或处分的根据要较为详细地说明，而奖励或处罚的方式可以略写。结尾提出希望和号召。

（2）略写缘由，详写事项，没有结尾。一般的决定都用这种方法。对决定的依据进行简单概括，重点放在事项部分。特别是带有指挥性的行动决定，应该写清楚具体的行动措施和要求等。文终墨断，可以不用写结尾。如《国务院关于调整撤并部门所属学校管理体制的决定》。

（3）只写事项。例如召开会议的决定，因为开会的缘由是法定的，所以不用再作交代，只需说明有关会议的具体事项即可。

（四）署名和署时

决定的署名按照惯例写在正文之后，当标题已注明发文机关的名称时，文尾可以写，也可以不写。决定的署时也有两种写法：一是直接写在文尾的署名下面；二是写在标题之下，同样要用汉字，不能与阿拉伯数字混用。

第三节　公告　通告

一、公告、通告的概念和特点

公告和通告都是具有知照性和公布性的下行公文，并且在写法上有较多共同之处，但在实际运用时却不能混淆。向国内外宣布重要事项或者法定事项用公告；公布社会各有关方面应当遵守或者周知的事项用通告。

公告与通告的特点可以从以下几个方面加以区别：

（1）发文机关级别。公告通常是由级别较高的领导机关或者法定的有关职能部门等高级机关制发。普通单位是不能用公告行文的。而通告的发文机关很广泛，任何机关单位都可以制发。

（2）发布内容。公告的内容必须是非常重要的事项。一般是对国内外宣布具有重大影响的事情，才用公告。如国家首脑出访、在公海进行火箭试验等。而通告的内容相比之下就不那么重要，大多是有关业务工作方面的具体事项，带有局部性。

（3）告知对象。公告是面向国内外人士发的，范围较大。而通告是对有关单位或人员发布的，有范围的限制。

（4）发布方式。公告一般用发文件、登报、广播等方式。而通告除了用文件的形式印发之外，还可张贴或登报。

因此，写作时切忌乱用文种。通告有发文范围的限制，而公告有发文机关和内容的制约。法院公告是司法文书，不属于行政公文。常见的公报与公告都具有公布性和知照性，但公报也不属于行政公文。公报的新闻性很强，写作方法类似于新闻报道，而且内容比公告详尽。

二、公告、通告的分类

（一）公告分为事务公告和法务公告

（1）用于向国内外宣布重要事项的为事务公告，如宣布国家领导人选举结果、重要领导人出访、进行火箭试验等。例如：

中华人民共和国国务院公告

为表达全国各族人民对四川汶川大地震遇难同胞的深切哀悼，国务院决定，2008年5月19日至21日为全国哀悼日。在此期间，全国和各驻外机构下半旗志哀，停止公共娱乐活动，外交部和我国驻外使领馆设立吊唁簿。5月19日14时28分起，全国人民默哀3分钟，届时汽车、火车、舰船鸣笛，防空警报鸣响。

国务院

二〇〇八年五月十八日

（2）按照法律规定向国内外宣布法定事项的公文为法务公告。例如：

中华人民共和国全国人民代表大会公告

第×号

《中华人民共和国宪法修正案》已由中华人民共和国第十届全国人民代表大会第二次会议，于2004年3月14日通过，现予公布施行。

附：《中华人民共和国宪法修正案》（略）

中华人民共和国第十届全国人大
第二次会议主席团
二〇〇四年三月十四日于北京

法务公告中公布的法律应作为公告的主体。

（二）通告分为强制性事项通告和知照性事项通告

强制性事项通告用于在一定范围内公布带有强制性的行政措施，要求有关单位和人员严格遵守。例如：

关于从重处罚在公共场所随地吐痰及
丢弃废弃物等行为的通告

穗府〔2003〕27号

为了改善城市环境卫生，预防疾病，根据《中华人民共和国行政处罚法》、《广州市城市市容和环境卫生管理规定》，市人民政府决定，对在公共场所随地吐痰及丢弃废弃物等行为加强执法力度，从重处罚。现将有关事项通告如下：

一、单位和住户的生活废弃物，应当按指定的时间、地点和方式倾倒。垃圾清运单位，对集中堆放的垃圾要当日清运干净。

二、任何个人不得随地吐痰、便溺；不得随地抛弃瓜果皮核、纸屑、烟头、香口胶和动物尸体等；不得从高空、建（构）筑物向外掷物、泼水。

三、有下列行为之一的，由城市管理综合执法部门从重处罚：

（一）随地吐痰、便溺、随地抛弃果瓜皮核、纸屑、烟头、香口胶等杂物的，责令其清除干净并处以50元罚款。

（二）乱倒废弃物的，从高空、建（构）筑物向外掷物、泼水的，随意抛弃死禽畜的，责令其清除干净并处以200元罚款。

四、积极倡导文明行为，爱卫、环卫、卫生、教育等部门及新闻单位应当加大禁止随地吐痰、丢弃废物的宣传教育力度。

五、城市管理综合执法队伍要严格执法，市容环境卫生行政部门和街道办事处应当予以协助。

六、本通告自2003年5月10日起执行。

广州市人民政府

二○○三年四月二十九日

知照性事项通告是在一定范围内公布群众需要了解的事项。例如：

中国人民银行通告

第×号

经国务院批准，我行定于1995年3月1日起发行1990年版壹圆券人民币。

一、1990年版壹圆券与1980年版壹圆券比较，总体设计不变，对局部图案和色调稍有调整，具有以下特征：

（一）由双面凹印改为正面单面凹印。

（二）正面：中间部位的底纹全部由金色底纹代替了原来的黄色和橘黄色底纹。两侧部位的底纹全部由大红色代替了原来的大红色和黄色。背面：以橘黄色代替了假金色。

（三）年号由1980改为1990。

二、新发行的1990年版壹圆券人民币与现行壹圆券人民币在市场上同时流通使用，任何单位和个人不得拒收其中任何一种人民币。

行长　朱镕基

一九九五年二月二十二日

三、公告和通告的写法

公告和通告的写法大体相同。

（一）标题

有三种写法：①发文机关、事由和文种俱全，如“广州市公安局关于洛溪大桥交通管理规定的通告”。②省略事由，只保留发文机关和文种。如“全国人民代表大会常务委员会公告”、“中华人民共和国财政部通告”。

③只有文种。一般来说，内容不很重要的公文才用这种写法，如“公告”、“通告”。

通告的标题还可以只写事由和文种，省略发文机关，这是因为文后有署名，如“关于禁止使用实心黏土砖的通告”。但公告大多不会采用这种写法。

（二）发文字号

与一般的公文无异。有一种较为特殊的写法：如果要发布连续性的公文，可以用编号代替发文字号，如“第1号”等。

（三）正文

由缘由、事项、结尾组成。正文首先要说明发布公告或通告的根据、目的或原因。尽量简洁明了。有些公告也可以直截了当发布事项，不用写缘由。主体部分是事项。如果内容比较复杂，可用分条列项的方法来写作。这部分要干净利落，切勿拖泥带水。结语为“特此公告（或通告）”、“现予公告（通告）”。也可以直接收尾，不用写结语。

（四）署名和署时

一般都要写明发文机关名称和日期。倘若文件标题中已有发文机关名称，可以不署名。公告的署时可以写在标题下方。一些重要的公告，还会写上发布地点。

通告和公告属于普发公文，可以不写主送机关。

第三章　通知　通报　议案

第一节　通知

一、通知的概念和特点

批转下级机关的公文、转发上级机关和不相隶属机关的公文、传达要求下级机关办理和需要有关单位周知或者执行的事项、任免人员用通知行文。通知是下行文，也可作平行文使用。

批转是上级机关将下级机关的公文加批转发下去时使用的，起认可、批准作用。转发是下级机关将上级机关或不相隶属机关的公文发给下级机关，让下级机关了解或执行，起传达、推荐作用。

通知的特点如下：

（1）广泛性。通知的使用范围很广，上至国务院，下至一般企事业单位，都可用以发文。既可以用红头文件的形式下发，也可以用最普通的方法告知众人，如抄写在黑板上。

（2）时效性。通知的事项一般都需要及时办理、执行。因此，要严格掌握时间，以免耽误工作。

通告与通知在内容上都有规定，但是它们有所不同：通告的对象大多是有关人等，而通知的对象不仅是个人，更多的还是机关单位或团体等。通告一般没有逐级下达的要求，而通知大多要按组织管理垂直系统逐级下发。

通知一般是作为下行文来使用的，但从《办法》中规定的通知适用范围可以看出，通知有时还在不相隶属的单位之间使用。这时，通知便具有平行文的特点。

在通知的使用过程中，可能会发生一些误用的情况，如“××厅批转××局的请示的通知”。按照文种分类的规定，对于“请示”的处理，只能用“批复”；如果是下发给其他单位，内容重要的可用“决定”，一般的则用“通知”。因此，“批转……请示的通知”是欠妥的。

二、通知的分类

根据其适用范围，通知可分为以下三类：

（一）批转通知

这类通知包括两种情况：批转下级的公文和转发上级、不相隶属单位的公文。区分的关键在于搞清单位与单位之间的关系。列一个简单的公式来表示：A单位+批转（或转发）+B单位。如果A是B的上级，中间的词就要选"批转"，如"国务院批转教育部面向21世纪教育振兴行动计划的通知"；如果A是B的下级或者平级、不相隶属单位，就要用"转发"，如"广东省人民政府转发国务院关于调整机关、事业单位工作人员工龄津贴标准的通知"。例如：

国务院批转煤电油运和抢险抗灾应急指挥中心
低温雨雪冰冻灾后恢复重建规划指导方案的通知
国发〔2008〕7号

各省、自治区、直辖市人民政府，国务院各部委、各直属机构：

国务院同意煤电油运和抢险抗灾应急指挥中心组织制定的《低温雨雪冰冻灾后恢复重建规划指导方案》，现转发给你们，请认真贯彻执行。

国务院

二〇〇八年二月二十五日

转发类的通知往往只写一句话"现将……转发给你们，请遵照执行"。复杂一点的在转发语之后可以强调其意义，对如何贯彻执行作具体指导等。

（二）事务通知

这类通知主要用于向下级传达需要周知或要求执行的事项，包括布置工作、安排活动、召开会议、设置机构等。如"教育部、财政部关于印发《国家奖学金评审办法》的通知"。又如：

关于认真宣传贯彻《机关、团体企业事业
单位消防安全管理规定》的通知
穗府办〔2001〕35 号

各区、县级市人民政府、市府直属各单位：

《机关、团体企业事业单位消防安全管理规定》（以下简称《规定》）已于 2001 年 11 月 14 日公安部第 61 号令发布，从 2002 年 5 月 1 日起实行。该《规定》的发布，为深入推进消防工作社会化、规范化、制度化和法制化，进一步落实单位消防安全责任制，全面规范单位消防管理工作提供了法律依据，对提高全民的消防安全意识，促进全社会加强消防安全工作将发挥主要作用。为此，我市决定从现在起到明年 4 月底，开展一场声势浩大的宣传贯彻《规定》活动。现将有关事项通知如下：

一、提高认识，加强领导，周密部署（略）

二、认真学习，广泛宣传，深入人心（略）

三、调查摸底，分门别类，确定重点（略）

四、对照检查，逐个落实，自我完善（略）

五、加强指导，适时检查，推广经验（略）

广州市人民政府办公厅（印）

二〇〇一年十二月二十一日

（三）任免通知

除国家高级人事变动用任免令行文之外，任免和聘用下属机关干部都用通知发文。这种通知的写法很简单，写明任（聘用）和免的内容即可。例如：

关于香港特别行政区政府
白××、黎××职务任免的通知
国人字〔2008〕49 号

香港特别行政区政府：

依照《中华人民共和国香港特别行政区基本法》的有关规定，根据香港特别行政区行政长官曾荫权的提名和建议，国务院 2008 年 3 月 28 日决定：任命白××为入境事务处处长，免去黎××的入境事务处处长的职务。

国务院
二○○八年三月二十八日

三、通知的写法

通知的写法因类型不同而有所区别。

（一）标题

1. 批转和发布通知

批转和发布通知一般有两种写法：①完全式。发文机关+发布（批转或转发）+被发布或批转的文件标题+文种。注意，被批转的文件如果不是法规条文，不能加书名号。②省略发文机关，如“关于印发《中华人民共和国大气污染防治法》的通知”。

批转通知的标题还有比较特殊的情况。当文件是层层批转时，会出现诸如“××县政府转发××地区政府转发××省政府关于……的通知”的标题。此时，应该尽量使事由精简，写出发文机关和被转发的主要文件就行了。因此，上述例子可改为：“××县政府转发××省政府关于……的通知”。当被批转的文件是一份“通知”时，标题就成了“批转××单位关于清理整顿小炼油厂的意见的通知的通知”，在这种情况下，要省略其中一个“通知”，改为“批转××单位关于清理整顿小炼油厂的意见的通知”。

2. 其他种类的通知

①完全式。②省略发文机关，如“关于举办’99广州龙舟国际邀请赛的通知”。③省略发文机关和事由，只写文种“通知”。一般是在范围较小，内容比较简单时运用。

（二）主送机关

如果通知是发给某些特定对象的，一定要写清楚受文单位的名称。有的通知发文范围很广泛，这时可以不用写主送机关。

（三）正文

1. 批转、发布通知

正文包括两个部分：一是批语或印发语；二是批转、印发的规章。因为规章是现成的，所以拟写的部分是批语或按语。一般较为简单，说明批转或印发的文件和贯彻要求就行，如“现将《关于……的规定》印发（或批转、转发）给你们，请认真贯彻执行”。有些比较复杂的还要对有关规章的实施进行具体说明，或者阐述该文件的意义和重要性，以及领导机关的意见和工作指示等。批转通知与转发通知相比，前者更具有权威性，文件的基本精神要求下级机关必须执行，而后者只要求参照执行。

2. 事务通知

事务通知通常由缘由、事项和结尾三个完整的部分组成。开头是发文的目的和根据。事项部分是主体，要把具体内容分条列项地阐述清楚，不能含糊。写作时，要分清主次，根据事项的重要程度来排列叙述顺序。结尾提出执行要求，如“请遵照执行”、“请研究执行”等。结尾也可以不写，言尽即止。

这类通知中，会议通知的写法与其他通知又稍有不同。它的内容较为固定，一般包括会议目的、会议名称、会议内容（或主题）以及时间、地点、参加对象和报到的时间、地点、需要准备的材料等具体事项。写什么内容要视情况而定。譬如有的还要加上银行账号、到会的交通路线、交通工具等。会议通知的内容最主要是清楚明白，写作时要考虑周全，让有关人员知道该做什么、要怎么做。

3. 任免和聘用通知

此类通知的行文比较简单，说明任免或聘用某人担任某项职务即可。有的还加上决定任免的组织以及任期等。如果同时有任职和免职，就要先写任职者，再写免职者。

通知的发文字号、署名和署时与一般公文无异。如果标题已有发文机关，落款可以省略发文机关名称。

第二节　通报

一、通报的概念和特点

通报是用来表彰先进、批评错误、传达重要精神或者情况的公文，是下行文。

通报具有真实性、典型性、晓谕性和时效性。无论是表彰先进还是批评错误，所有的人物、事件和情况都必须是真实的，不能任意夸大或贬低，更不允许胡编乱造，一定要据实相告。不仅如此，这些人或事还应该具有典型性，才能达到教育的目的。通报的作用就是要指导下级学习先进、吸取教训、提高认识，有很强的宣传教育意义。通报的事项一定要及时、迅速，才能起到弘扬正气和打击歪风邪气的作用；否则，就失去了通报的价值和意义。

通报与决定有相同之处：表彰先进、批评错误。不同之处在于：第一，前者的发文机关级别比后者低。通报的发文机关是被表彰或批评的人或单位的上级机关，而决定的发文机关往往是被表彰或批评的人的上级机关的上级机关。第二，通报具有晓谕性，起倡导、警戒、启发和沟通情况的作用，因此结尾要提出希望和要求。而决定虽然也有教育作用，但侧重于把结果公之于众，不一定会提出要求。

通报和通知都有传达情况的作用，但是两者还有细微差别：通报重在报道，让下级了解有关情况，以达到教育作用；而通知不仅要告知下级有关事项，还要求据以贯彻执行。

二、通报的分类

根据内容，通报可分为表彰通报、批评通报和情况通报。

（一）表彰通报

表彰通报用于表彰先进集体、先进个人、先进事迹等，目的是为了树立榜样，号召下级学习先进，推广典型经验。例如：

广东省人民政府
关于表彰全省反走私先进集体的通报
粤府〔2008〕2号

各地级以上市人民政府，各县（市、区）人民政府，省政府各部门、各直属机构：

2003年全国打击走私工作会议以来，全省各地、各反走私职能部门在省委、省政府的正确领导下，按照“打防结合、综合治理、突出重点、坚持不懈”的工作方针，坚定不移地开展反走私斗争，切实加强反走私综合治理，积极推动区域反走私合作，继续有效地遏制了大规模走私活动，为促进广东省经济社会又好又快发展和构建和谐广东作出了积极贡献，涌现出一批团结奋斗、英勇善战、成绩突出的先进典型。为弘扬正气，振奋精神，夺取反走私斗争的新胜利，省人民政府决定授予海关总署广东分署缉私局情报技术处等40个单位“广东省反走私先进集体”称号。

希望受表彰的单位珍惜荣誉，戒骄戒躁，再创佳绩。全省各级缉私部门和广大干部职工，要以受表彰的单位为榜样，深入贯彻党的十七大精神，坚决全面贯彻落实党中央、国务院和省委、省政府关于打击走私的一系列方针、政策，深入持久地开展反走私斗争，为实现广东省经济社会又好又快发展、构建和谐广东作出新的更大贡献。

广东省人民政府
二〇〇八年一月十日

（二）批评通报

批评通报用于批评坏人坏事，对反面事例进行揭露，目的是惩罚坏人和告诫他人，吸取教训，引以为戒，如“中共中央纪委、监察部关于×××收受贿赂、严重官僚主义失职造成巨大经济损失等问题的通报”。

（三）情况通报

情况通报是领导机关用来传达较为重要的情况或精神，使下级了解上级的工作意图，以便统一认识、更好地开展工作。例如：

关于我省近期发生的三起重大火灾事故情况的通报

粤府〔××××〕33号

各市、县、自治县人民政府，省府直属各单位：

自今年9月下旬至今一个月时间内，我省揭阳、广州两市连续发生三起重大火灾事故，共死亡43人，给国家和人民生命财产造成极大损失。9月21日19时，揭阳市普宁池尾镇新丰村周林鹏棉被作坊，因棉花仓库的临时线路电源插座接触不良，引燃棉花发生火灾，死亡8人，初步估算直接经济损失达8万元；10月9日9时45分，广州市白云区竹料镇永发购销综合店，因切割海绵的电炉丝过热引燃海绵而引发火灾，造成15人死亡；10月26日7时35分，广州市增城市石滩镇马修村鸿成皮具厂发生火灾，死亡20人，重伤4人。上述事故，均因经营者无视国法，非法设厂，违反安全规定而致。各地必须从中吸取教训，采取措施，防止同类恶性事故再度发生。现予通报，并要求如下：（以下分七个方面提出要求，略）

各市人民政府和省各部门应按上述要求认真贯彻执行，并将落实情况于12月31日前书面报省安委会办公室，由省安委会办公室汇总报省政府。

广东省人民政府
××××年××月×日

三、通报的写作

（一）标题

通报的标题有四种写法：①完全式。由发文机关、事由和文种组成。②省略发文机关。③省略事由。④只写文种。

（二）主送机关

可写可不写，视受文机关的情况而定。

（三）正文

通报的正文因分类不同，写法也不一样。

（1）表彰通报，包括四项内容：先进事迹及意义、总结经验、表彰决定、希望或要求。对个人或单位事迹的介绍要较为详细具体，叙述时要抓住主要事实，注意顺序和详略，不要事无巨细，一一道来。如果表彰的是某人非常具体的行为时，不仅要说明人物的姓名、性别、工作单位等，还要交代此人在何时何处做了何事，有何结果等要素。但是，在叙事过程中，切忌用虚构手法，事实要清楚，这对通报来说是相当关键的。在此基础上，对有关事件进行简单分析和评价，并总结出经验。议论应就事论理，并且合情合理，不能带有作者的主观色彩，更不能妄加揣测或任意褒贬。接下来是领导对此作出的决定，要具体、言简意赅。最后要根据事情的意义以及社会影响、时代精神对被表彰者和广大群众发出号召和希望，以达到宣传教育的目的。

（2）批评通报，结构和写法与表彰通报相似，只是性质不同，内容主要包括错误事实及原因、教训、处理决定、希望或要求。

（3）情况通报，包括缘由、具体情况、具体要求三部分。主体是对具体情况的概括介绍和分析。这部分要根据实际情况，肯定好的方面，并找出存在的问题。写作时要一分为二，不能只报喜不报忧。结尾处要提出领导对工作的指导性意见，并对下级有所希望和要求。

通报的署名和署时与一般公文无异。

第三节 议案

一、议案的概念和特点

议案是各级人民政府按照法律程序向同级人民代表大会或人民代表大会常务委员会提请审议事项的公文。议案是平行文，强调“同级”。不是任何人或任何机关都能提交议案的。另外，也不是任何意见都能成为议案。有权力提出议案的国家政权机关提出的意见，要先交人民代表大会议案审查委员会审查，符合立案标准的才列入人大会议议程，成为大会讨论的议案。

议案一经代表大会表决通过，就产生了法律效力，全社会都要遵照执行。这就是议案的法规性。议案的内容很重要，关乎国计民生，因此，必须征求代表人民的人大代表的意见。这是权威性。议案还有定向性，对发文机关和主送机关都有限制。有权发文的单位是各级人民政府，而主送单位只能是同级的人民代表大会或人民代表大会常务委员会。例如，广东省政府只能向广东省人民代表大会或人大常务委员会提交议案。

二、议案的分类

议案大概可以分为三类：

（一）立法议案

根据有关规定，我国的立法机关是人民代表大会，因此，各种法律法规首先要提交人民代表大会或人民代表大会常务委员会审议通过后才能确立。例如：

国务院关于提请审议
《中华人民共和国食品安全法（草案）》的议案
国发〔2008〕×号

全国人民代表大会常务委员会：

为了防止、控制和消除食品污染以及食品中有害因素对人体的损害，预防和减少食源性疾病的发生，保证食品安全，保障人民群众生命安全和身体健康，增强人民群众体质，经过广泛征求意见，总结实践经验，并借鉴国外好的做法，国务院法制办会同有关部门起草了《中华人民共和国食品安全法（草案）》。这个草案已经国务院常务会议讨论通过，现提请审议。

国务院总理　温家宝

二〇〇七年十一月十三日

（二）政事议案

关系到国家利益的各种重大行政事务，如中国政府与各国政府签订的协议、国家机构的变更、国民经济计划、国家财政预算和决算等，都要提请人民代表大会或人大常务委员会审议通过。例如：

国务院关于提请审议国务院机构改革方案的议案

国发〔2008〕×号

全国人民代表大会：

中国共产党第十七次全国代表大会明确提出，要加快行政管理体制改革，抓紧制定行政管理体制改革总体方案。根据党中央的部署，经过认真调研，广泛听取意见，反复研究论证，形成了《关于深化行政管理体制改革的意见》和《国务院机构改革方案（草案）》，并先后经国务院常务会议、中央政治局常务委员会会议、中央政治局会议讨论和修改。党的十七届二中全会审议通过了这两个文件。现将《国务院机构改革方案》提请第十一届全国人民代表大会第一次会议审议。

国务院总理　温家宝

二〇〇八年三月四日

（三）人事议案

国家和国家机关主要领导人以及国家驻外机构的主要负责人的任免，也要由政府提请全国人民代表大会或人大常务委员会审议。

三、议案的写法

（一）标题

议案的标题一定要用完全式，即要由发文机关、事由和文种三部分组成，缺一不可，如“国务院、中央军委关于提请审议《中国人民解放军现役军官服役条例》修正案（草案）的议案”。

（二）发文字号

议案的发文字号与一般公文相同。但是，在实践中，有些议案在机关代字后加上了“函”字，这是把议案等同于函了。这是错误的。

（三）主送机关

主送机关只能有一个，而且必须是人民代表大会或人民代表大会常务委员会。如“××省人大”、“××市第×次人大常委会”。

（四）正文

议案的主体分三个部分。

（1）缘由。这是提请审议有关事项的理由和根据。要求写得准确概括，说明有关事项的背景、意义和作用。任免议案不写缘由。

（2）事项。议案所提出的具体事项的内容。将需要审议的有关法律条文的名称写清楚就行了，不要重复条文的内容。任免议案只写有关任职和免职的人员和职务即可。

（3）结尾。一般用带有请求语气的习惯用语结束，如“现提请审议”或“请审议决定”等。

（五）附件

有些议案事项很具体，需要提请审议的内容已经很清楚，比如任免议案。但是，像立法议案之类很难在事项部分讲清楚，应该用附件形式把有关文件材料附在正文之后。

（六）署名和署时

议案由机关领导人签署，要写出机关名称、领导人职务及姓名，如“国务院总理×××”和“中央军委主席×××”。署时与其他公文一样。

第四章　报告　请示　批复

第一节　报告

一、报告的概念和特点

报告是上行文，适用于向上级机关汇报工作、反映情况、答复上级机关的询问。报告具有陈述性，是将有关事项反映给上级，目的是沟通上下级之间的关系，传达信息，使上级在决策时有据可依，不要求上级作出答复。报告要以具体的事实、情况和确切的数据等为汇报的主要内容。报告一般是下级向直属上级机关行文。

二、报告的分类

根据报告内容的不同，报告可以分为工作报告、情况报告和答复报送报告三类。

（一）工作报告

下级机关向上级汇报某项工作或某一阶段工作的进展、成绩、经验、存在问题及今后打算等。例如：

关于进一步加强森林防火工作的报告

国林〔××××〕×号

国务院：

我国的森林防火工作，以1978年大兴安岭特大森林火灾为转机，进入了一个新阶段。全国森林防火综合能力明显提高，森林火灾损失大幅度下降，对保护国家森林资源，促进国民经济发展，维护生态环境，保障林区安定发挥了重要作用。在新的形势下，森林防火工作出现了一些新的情况和问题，必须认真加以解决。森林防火任务日益繁重，森林防火工作只能加强，不能削弱。国家森林防火总指挥部撤销后，地方各级人民政府要进一步负起责任，切实做好森林火灾的预防和扑救工作。林业部将做好对各地森林防火的检查、监督和协调，各有关部门要积极支持，共同做好森林防火工作。现就进一步加强森林防火工作的意见报告如下：

一、进一步认识森林防火工作的重要性、长期性、艰巨性。(略)

二、继续坚持实行森林防火工作行政领导负责制，强化森林消防监督职能。(略)

三、依靠全社会的力量，积极做好森林火灾的各项预防工作。(略)

四、进一步加强森林消防队伍建设，逐步提高专业化水平。(略)

五、不断增加投入，切实加强森林防火基础设施建设。(略)

六、进一步完善全国森林防火工作体系，做到从上到下有专人管。(略)

当前正值北方森林防火最紧要的时期，以上报告，如无不妥，请批转各地执行。

林业部

××××年×月×日

(二) 情况报告

情况报告用于向上级反映本单位或本地区发生的重大问题和主要情况。这类报告并不局限于某一具体工作，主要是针对工作中出现的有关问题及处理情况。例如出现自然灾害，有关部门就必须立即向上级汇报，以便领导采取相应的措施。处理后的有关情况也要向上级报告，使领导能把握事件发生的最新动态。例如：

××省经贸委关于××市百货大楼重大火灾事故的报告

×经发〔××××〕×号

商务部：

××××年2月20日上午9点40分，我省××市百货大楼发生重大火灾事故，市消防队出动了15辆消防车，经过4个小时的扑救，大火才被扑灭。这次火灾除消防队员和群众奋力抢救出的部分商品外，百货大楼3层楼房及余下商品全部烧毁。时值该百货大楼开门营业不久，顾客不多，加上疏散及时，幸未造成人员伤亡。但此次火灾已造成直接经济损失792万余元。

经查明，此次火灾是因电焊工×××违章作业，在一楼电焊铁窗架时电火花溅到易燃货品上引起的。另外，市经贸局领导对上级领导机关和公安消防部门的安全防火指示执行不力，百货大楼消防安全制度没有落实，许多安全隐患长期未得到解决。电焊加固铁窗，本应停止营业，为了利润，竟一边营业一边作业，忽视了安全工作，这也是造成火灾的原因之一。

火灾发生后，省人民政府召开了紧急防火电话会议，严肃指出了××市发生火灾的严重性；批评了××市不重视安全工作的错误倾向。我厅××副厅长带领有关人员赶到现场调查处理。市经贸局领导在市委、市政府领导下，组织力量对财产进行清理，百货大楼职工在总结教训的基础上，在街道路口增设摊点，以满足市场供应。公安机关对事故责任者×××已拘留审查。市委、市政府在分清责任的基础上，对有关人员也视情节轻重，分别进行严肃处理：给予专管安全工作的百货大楼党委副书记、副总经理×××撤销党内外职务，开除党籍，开除公职的处分，并交司法部门依法处理；撤销百货大楼党委书记、总经理××的职务；撤销百货大楼营业部经理××的职务。

这一次火灾，是我省商业系统历史上最大的一次事故，损失严重，影响很坏，教训深刻。问题虽然发生在××市，但也暴露了我省商业安全工作上还存在不少问题。有的地区安全制度没有落实，检查不认真，整改不力，缺乏有针对性的防火措施。另外，我们平时深入了解不够，检查督促不严，因此，我们也有一定责任。为了吸取教训，防止类似事故再次发生，已根据我省实际情况，多次用电报、电话、传真、简报通知各地注意，并定于4月20日召开全省商业安全工作会议，制订下一步安全工作方案，切实把我省商业系统安全工作抓紧、抓好。

特此报告

××××年×月×日

（三）答复报送报告

答复报告，是用来回答上级的询问的。有问才答，说明行文的被动性；有问必答，又表明了行文的必要性。报送报告，是下级向上级递送文件或物件时使用，说明报送的对象、规格、数量、要求等。

三、报告的写作

（一）标题

报告的标题有两种情况：①完全式，如“审计署关于中央移民建镇资金审计情况的报告”。②省略式。只可以省略发文机关，其他部分不能省略，如“关于清理整顿金融市场工作的报告”。

（二）主送机关

报告只能向直接上级机关行文，因此，主送机关只有一个。

（三）正文

报告的正文分为缘由、事项和结尾三部分：

缘由是报告的基础，说明发文的原因、依据和目的等。这部分要写得比较概括，把有关事实和情况交代清楚就行了，不用展开。

事项是报告的主体和核心部分。这是需要上级了解的主要内容。工作报告写的是工作的情况、问题和今后打算等；建议报告写的是具体意见和建议；情况报告写发生的具体事件、处理情况以及教训等；而答复报送报告的内容比较简单，前者上级问什么就答什么，后者说明所送物件即可。有些报告的主体内容很复杂，撰写时要有针对性地对有关事实进行选择，以使文章主次分明，有条不紊，切勿事无巨细、一一道来。在组织结构时，可以用段落式，也可以用分条列项的方法。报告和请示不同，因此，《办法》规定，报告中不得夹带请示事项。如有请求，要用“请示”另外行文。

结尾是一些习惯用语，如：“特此报告”、“专此报告”、“以上报告，请审阅（查）”等。

报告的发文字号、署名和署时与公文的一般写法相同。

第二节　请示

一、请示的概念和特点

请示是向上级机关请求指示、批准所用的公文。

请示和报告同是上行文，都具有反映情况的性质，但是，它们是两种不同的公文，区别也是显而易见的。下面谈谈请示与报告的不同之处，从中也可以看出请示的特点：

（一）行文目的不同

请示是请求批准有关事项，请求上级机关给予工作指示或答复问题等，需要上级机关作出明确答复，具有呈请性。报告是向上级汇报工作、反映情况，以利于上级掌握情况，并不需要答复，具有呈报性。

（二）行文时间不同

请示应该在工作、行动之前行文，等有关部门作出答复之后才能付诸实施，千万不能“先斩后奏”。而报告是在工作结束后或进行过程中，或者情况发生之后才制发的。

（三）结尾不同

报告的结尾可以用“以上意见如无不妥，请批转各地执行”。而请示则是“当否，请批复”。有的请示用“请批转各地执行”的结尾语，这是错用了报告的结束语，要注意避免。

除此之外，请示和报告在内容和写法等方面都有所不同。

二、请示的分类

请示分为两大类：求示性请示和求批性请示。

（一）求示性请示

有关单位在工作中对某些政策把握不准时，可以向上级机关请求给予答复、指示；当工作中出现疑难问题无法解决时，也需要上级给予帮助、指示。如“关于给予×××无故旷工处分的请示”。

（二）求批性请示

在本机关权限能力范围之外的，需要上级审定、核准、认可的事项，或者需要在财力、物力、人力等方面给予帮助的，都可以用请示。比如机构设置、人事安排、筹划项目、申请经费等。例如：

关于减征××塑料包装有限公司企业所得税的请示

××〔××××〕×号

××省国家税务局：

××塑料包装有限公司系××集团有限责任公司与美国××企业有限公司共同兴办的外商投资企业。该公司主要生产农膜、塑料包装制品，同时还研究开发多用膜生产新技术。根据《国家税务总局关于实施对设在中西部地区的外商投资企业给予三年减按15%税率征收企业所得税的优惠的通知》（国税发〔1999〕172号）的精神，该公司生产的产品属于政策优惠的范围。我局拟对××塑料包装有限公司给予三年减按15%税率征收企业所得税的优惠照顾。

妥否，请予批复。

××市国家税务局

二〇〇〇年八月二十四日

三、请示的写法

（一）标题

请示的标题有两种写法：①完全式。发文机关、事由和文种三者俱全，如“北京市人民政府关于采取果断措施控制北京大气污染的紧急请示”。②省略式。只能省略发文机关，如“关于坚决制止期货市场盲目发展若干意见的请示”。

拟写时一定要注意：不要出现“请示报告”的字样。再者，“请示”这个文种本身已带有请求的意思，因此标题中不应有“申请”或“请求”这类词语。

（二）主送机关

请示只能有一个主送机关。

（三）正文

请示的正文由缘由、事项和结尾语三部分组成：

（1）缘由，这是请示的理由。请示最终是否能获批准，关键就看理由是否充分，有无说服力。例如一份请求批地建房的请示，理由是“学员众多，住房困难”。很显然，这样的理由是缺乏说服力的。学员如何多，住房怎样困难，对学员造成什么影响，对这些关键内容都没有具体的陈述，上级凭什么作出同意批地建房的批复呢。因此，拟制时一定要有理有据，把具体的情况交代清楚，不能含糊其辞。

（2）事项，即要求上级解决的问题。这个部分一定要写具体，不能把问题留给领导。需要批准、答复什么，或者给予怎样的帮助，都要写得清清楚楚、明明白白。比如一份建校舍的请示，文中事项只是“希望领导给予帮助”。究竟是要帮助什么，领导也不得而知，又如何表态呢？另外，写作时，不要把事项和缘由混淆起来。

（3）结尾语。请示的结尾是一些固定的套语：“以上意见当否，请指示”、“以上要求，请予审批”、“以上请示，请予批复”、“妥（当）否，请批复”等。“请示”这一文种有请求性，所以，文辞要谦和有礼，大方得体，不能用“速答复”这样的命令口吻。

请示的发文字号、署名和署时与一般公文一样。

四、请示的行文规则

拟制请示还有以下特别规定：

（1）各级行政机关一般不得越级请示。因特殊情况必须越级请示时，应当抄送被越过的上级机关。

（2）请示应当一文一事。请示的内容必须单一，一份公文只能要求解决一件事情，不能一文数事，否则会影响工作效率，使问题得不到处理。详见《办法》第二十一条规定。

（3）主送机关明确。请示的行文对象应该是发文机关的直接上级机关，不能多头请示。而且，请示不能直接送给领导个人。

（4）抄送原则。某些单位受双重领导，即有两个上级，而请示又只能有一个主送单位，此时对另一个上级要实行抄送。主送单位在答复时，也要注意抄送给另一个上级机关。这样，可以相互了解情况，便于更好地开展工作。

第三节 批复

一、批复的概念和特点

批复一般用于答复下级机关的请示事项。批复是与请示相对应的公文，所以具有针对性。下级有请示，上级才有批复；不仅如此，批复的内容也要与请示相一致。要针对下级的请求事项来进行答复，不能“顾左右而言他”，说其他与请示内容不相干的事项。批复还有指示性。批复表达的是上级领导机关的意志，因此具有行政约束力，同时也是对下级工作的指导。

批复与指示都有指导作用，都具有权威性，也都是下行文。但是，指示是上级党的机关主动行文，以体现上级对下级的领导权力，内容比较复杂；批复却是被动行文，没有下级的请示，就不会有批复。而且，批复的内容要受请示的限制，因此有针对性。

批复与批示也不同。首先，批复是被动行文，而批示是领导在审阅书面材料（计划、总结、工作报告、群众来信等）时作出的指示，有半主动性。其次，批复一般是代表单位的意志，而批示是领导个人的意见。再次，批复是行政公文，有严格的制发标准，而批示不是标准的公文，形式较随意，可以直接写在来文之上。

二、批复的分类

与请示相对应，批复可分为指示性批复和批准性批复两大类。

（一）指示性批复

指对下级机关的求示性请示作出答复，并对有关问题作明确的指示。

例如：

国务院关于深圳市城市总体规划的批复

国发〔2000〕9号

广东省人民政府：

你省《关于上报审批深圳市城市总体规划（1996年至2010年）的请示》（粤府〔1998〕475号）收悉。现批复如下：

一、原则同意修订后的《深圳市城市总体规划（1996年至2010年）》（以下简称《总体规划》）。

二、深圳市是我国的经济特区，也是华南地区重要的经济中心。深圳市的建设与发展要遵循经济、社会、人口、环境和资源相协调的可持续发展战略，大力发展高新技术产业和第三产业，不断完善城市功能，逐步把深圳市建设成为经济繁荣、社会文明、布局合理、设施完善、环境优美的现代城市。

……

深圳市人民政府要根据本批复精神，认真组织实施《总体规划》，任何单位和个人不得随意改变。你省应加强对《总体规划》实施的指导、监督和检查工作。

国务院

二〇〇〇年一月二十四日

（二）批准性批复

这是对下级机关求批性请示的答复。无论同意与否，都要作出回答，下级应遵照执行。例如：

××市税务局

关于同意××县工具厂免税的批复

××〔××××〕×号

××县税务局：

你局《关于××县工具厂申请免税问题的请示》（××税字〔×××〕×号）收悉。经研究，批复如下：

××县工具厂，因去年底受台风袭击，厂房损坏严重，影响生产。现同意你局意见，对该厂给予免征工商税1年（××××年）的照顾。此复。

××××年×月×日

三、批复的写法

（一）标题

批复的标题有两种写法：①完全式。包括发文机关、事由和文种，如“国务院关于滇池流域水污染防治‘九五’计划及2010年规划的批复”。②省略式。只有事由和文种，如“关于召开全省地方政协工作经验交流会问题的批复”。标题中最重要的是事由部分一定要清楚地概括出来，同意与否也应标明。

（二）发文字号

批复的发文字号与一般公文相同。有的公文在发文代字后加“函”字，这是不对的。批复和函是两个不同的文种。

（三）主送机关

批复的主送机关只有一个，不能多头主送。如果批复的内容有普遍性，需要告知其他单位，可抄送有关单位。

（四）正文

批复的正文分为三部分：

（1）缘由。这部分是批复的根据和批复的对象。一般都是引述来文，说明收文情况：来文的发文时间、标题和机关名称等。《办法》规定，引用公文应当先引标题，后引发文字号。

（2）事项。这是批复的具体内容，即针对请示给予明确答复。批复事项包括：批复态度和批复意见。是完全同意、部分同意还是不同意，一定要态度鲜明，含糊不得。不同意的要提出意见，说明理由。同意的要提出具体要求。批复的事项必须具体、明确，否则下级执行起来会有困难。除此之外，批复中上级的指示意见是原则性的，点到为止，过于详细会束缚下级的手脚，不利于具体工作的展开。

（3）结尾。批复可以不用写结尾，如有，用“此复”作结。批复的署名、署时与普通公文相同。

第五章　意见　函　会议纪要

第一节　意见

一、意见的概念和特点

意见适用于对重要问题提出见解和处理办法。意见既可以作为上行文向上提建议，也可以作为下行文向下提要求。

意见有如下特点：

（1）针对性。意见是根据实际工作中出现的、具有倾向性的问题或需要解决的重要问题加以分析研究后提出的，是有的放矢、就事论事。

（2）建议性。有些意见是下级机关上报给上级机关的。下级机关工作过程中，对某项工作或某个问题有了更深的认识，并找到更好的处理办法等，就可以向上级提供意见和方案。上级机关在决策时参考下级的建议，可以提高决策的科学性。

（3）指导性。上级机关直接下达给下属的意见是对下级机关单位的工作提出要求和参考意见，目的是使有关单位在工作过程中有据可依、有章可循。

二、意见的分类

意见主要分为两大类：求批型和直发型。

（一）求批型

这类意见是上行文，是下级机关上报给上级用的。从行文目的来看，这类意见主要是起参照作用，一旦被采纳，还要求受文的上级机关批转给其他单位执行。例如，由教育部、财政部等部门联合上报给国务院的“关于加快解决地震灾区中小学教舍问题的意见”。

（二）直发型

这类意见是下行文，是上级机关直接发文给下级单位，对其工作提出见解和处理办法。而受文的下级机关在工作中应以此为指导，按照上级的建议和规定去执行，如“广东省人民政府办公厅关于进一步加强应急管理培训工作的意见”。又如：

国务院关于进一步做好退耕还林还草试点工作的若干意见
国发〔2000〕24号

各省、自治区、直辖市人民政府，国务院各部委、各直属机构：

今年以来，按照党中央、国务院的部署，长江上游、黄河上中游各有关地区认真开展退耕还林还草的试点工作，进展比较顺利，得到广大农民的拥护和支持，但仍然存在一些问题，主要是：一些地区由于试点范围偏大，工作衔接不够，种苗供需矛盾突出，树种结构不够合理，经济林比重普遍较大；有些地区由于严重干旱以及管理粗放，造林成活率较低。为了明确责任，严格管理，推动试点工作的健康发展，根据国务院总理办公会议的决定，并经今年7月中西部地区退耕还林还草工作座谈会讨论，现就进一步做好退耕还林还草试点工作作出以下规定：

一、加强领导，明确责任，实行省级政府负总责（文略）

二、完善退耕还林还草政策，充分调动广大群众的积极性（文略）

三、健全种苗生产供应机制，确保种苗的数量和质量（文略）

四、依靠科技进步，合理确定林草种植结构和植被恢复方式（文略）

五、加强建设管理，确保退耕还林还草顺利开展（文略）

六、合格检查监督，确保退耕还林还草工程质量（文略）

中华人民共和国国务院
二〇〇〇年九月十日

三、意见的写法

（一）标题

意见的标题有两种写法：①完全式。由发文机关、事由、文种组成。如上节例文。②省略式。可以省掉发文机关，只写事由和文种。有时几个机关联合发文，可将发文机关写在标题下面。

（二）主送机关

意见的主送机关根据分类不同而有所区别。属于上行文的求批型意见只有一个主送机关，属于下行文的直发型意见可以有多个主送机关。

（三）正文

意见的正文主要有三个部分：缘由、事项和结尾。

(1) 缘由。这部分要说明提出建议的理由和目的。包括概述工作情况、发现的问题以及依据和目的等。

(2) 事项。这部分是建议和实施办法。写作时要具体，不能空泛。一般采取分条列项式，先谈思想认识，然后讲具体处理办法和要求。因为这类公文是上级作出决策的依据或下级执行工作的指南，所以一定要写得清清楚楚、明明白白。

(3) 结尾。求批型的意见在结尾处提出要求："以上意见如无不妥，建议转发各地区、各部门贯彻执行。"直发型的意见可以对下级提出希望和要求，也可以不写结尾语，事终墨断，自然收束。

意见的发文字号、署名、署时的写法与普通公文一样。如果标题已有发文机关名称，署名可以省略。

第二节　函

一、函的概念和特点

函用于不相隶属机关之间商洽工作，询问和答复问题，请求批准和答复审批事项。

作为公文文种的函与一般个人信函是不同的，它是用来处理公务的。"不相隶属机关"说明发文单位和受文单位没有上下级关系，是平等的，这是该文种最为独特的一点。"有关主管部门"是指处理有关事项的非隶属的职能部门。如某大学向财政局行文请求批准某事，该财政局就是主管部门，而大学与财政局是一种不相隶属的关系。

函与请示有所不同。函是平行文，用于不相隶属单位之间；而请示是上行文，且只能在上下级机关之间运用。例如，某市财政局向本省财政厅请求拨款要用"请示"，但此财政局如果要向市人事局请求调派人手就应该用"函"。回复有关单位函件的复函也与批复不同。复函是对"函"作出的答复，而批复是对"请示"的回复，各自都有针对性。这种区别是显而易见的。函与请示、批复的不同还在于，尽管都是公文，但是函相对而言比较随意，请示和批复较为正规，在格式和行文方面的要求也更严格。在实践中，常出现"关于……请示的复函"这类字样，是不对的。

无论是请求、商洽还是询问，只要是不相隶属的单位，就只能用函来行文。在选用文种的时候，一定要审慎，切勿乱用。

二、函的分类

从发文关系来看，函有发函和复函。发函是主动同对方联系而发出的函；复函是为答复对方有关事项而发的函。

从重要程度来看，函有便函和公函之分。前者一般比较简单，处理程序也较随便。后者的内容重要，应根据正式公文的格式来撰写。

从函的内容和用途来看，函可以分为商洽函、问答函和请批函。

（一）商洽函

商洽函即机关单位之间用来商洽工作、联系事项的函。例如：

关于商洽代培文秘人员的函

×工函〔××××〕×号

××大学中文系：

获悉贵系将于今年9月份开办秘书业务进修班，系统讲授有关秘书业务以及公文写作与处理的基本理论与方法。我厅自机构改革以来，所属各单位的文秘人员调整较大，不少新的文秘人员由于没有经过系统的专业学习，业务素质较差。现你系开办进修班，为这些员工提供了一个非常难得的学习机会，我厅拟派10名文秘人员随班学习，委托你们代为培养。有关代培所需的一切费用，我厅将如数拨付。可否，盼予函复。

××省××厅人事处

××××年×月×日

（二）问答函

问答函即单位之间相互询问和答复问题的函。当本单位在工作中出现问题而又无法解决时，可以向有关单位咨询，请求答复。值得注意的是，这里的“有关单位”与发文单位只能是不相隶属关系。例如：

××县人民政府办公室关于询问××中学违规收费情况的函

×府办函〔2004〕10号

县教育局：

据《××晚报》2004年×月×日第二版报道，我县××中学连续两年违规收取“建校费”达120万元。此事经媒体披露后，在群众中引起强烈反响。但据了解，自报道发表至今，已逾半月，该校始终未向媒体作出任何解释，你局亦未派出人员进行深入调查并公布相关情况，导致众多家长联名写信向主管县长反映。

根据县政府领导指示，特函知你局迅速处理此事，并将有关情况及时上报。

二〇〇四年×月×日

又如：

广东省物价局关于普通与成人高考考试等收费问题的复函

粤价函〔2000〕122号

省教育厅：

原省高教厅《关于申报行政事业性收费立项和收费标准调整的函》（粤高教函〔1999〕135号）收悉。经审核，并报省人民政府批准，现复如下：

一、取消普通高考、成人高考、研究生、普通高校专升本、插班生考试报名费项目。

二、普通高考、成人高考、研究生、普通高校专升本、插班生考试费由每科10元同意调整为每科20元。英语、体育、美术专业按实际考试科目计收。

三、成人高校、普通和成人中专招生录取费由每生35~55元同意调整为每生50元。

其他有关收费项目有待省政府另行审批后下达。

请做好宣传解释工作，并通知有关收费单位到当地物价部门换领《广东省行政事业性收费许可证》，使用财政部门统一印制的行政事业性收费收据，收费收入按规定实行“收支两条线”管理。

本规定自2000年4月1日起执行。

二〇〇〇年三月二十八日

（三）请批函

向有关职能部门请求批准的函。

三、函的写作

（一）标题

（1）完全式。包括发文机关、事由和文种，如“××省交通厅关于商请派车接送民工的函”。倘若是复函，还可以在事项部分说明来文单位的名称，如“××市财政局关于××市水利局请求拨款的复函”。

（2）省略式。函的标题通常会省去发文机关。应注意的是，只要是复函，发文机关就一定要在标题中表现出来，如“国务院办公厅关于四川成都经济技术开发区的复函”。

（二）发文字号

比较正式的函与其他公文一样，要有发文字号。但函的发文字号还有一点不同，机关代字后要加一个“函”字，如“粤府函〔2009〕23号”。像便函这类较简单的函可以不写发文字号。有些公文把请示、批复的发文字号也加上一个“函”字，这是混淆了请示和函、批复的区别，一定要加以纠正。

（三）正文

正文包括缘由、事项和结尾三部分：

（1）缘由。发函要说明原因和目的，而复函一般是引叙来函：“你单位××××年×月×日的来函（标题和发文字号）收悉。”

（2）事项。无论是发函还是复函，都要写清楚有关事情。发函要将本单位想要商洽、询问、请求批准的问题，具体、明确地写出来。而复函也要将本单位对来函的意见说明白。发函不能啰啰唆唆，复函也不能含糊其辞，模棱两可。

（3）结尾。函的结束语是一些习惯用语，发函用“特此函告”、“请复”、“即请函复”、“特此函达，并希见复”、“请予回复为盼（为荷、为要）”等；复函用“特此函复”、“此复”等。写作时，还要注意语言的运用。发函时，要谦和有礼，但不能因为有求于人便显得低声下气，用一些不恰当的词语。而复函单位同样要尊重对方，不能颐指气使。如果是便函，它的结尾与一般信函类似，用问候语结束。

函的署名和署时与普通公文相同。

第三节　会议纪要

一、会议纪要的概念和特点

用于记载、传达会议情况和议定事项的公文是会议纪要。它的发文方向不确定，既可上传下达，也可供别的系统、单位参考，起沟通情况、交流经验和指导工作的作用。

会议纪要的主要特点是纪实性。要如实反映会议的情况，不能主观行事。如果不是本次会议讨论的事项，就不应该写进文中。这是会议纪要的撰写原则。

会议纪要与会议记录有所不同。首先，会议纪要是行政公文，而会议记录是机关单位内部用于记录会议发言的事务文书。其次，会议纪要的内容是经会议通过的有关事项，而会议记录则是会议的忠实记录，有言即录，反映了会议的全过程。会议记录是会议纪要的原始材料。因此，会议纪要比会议记录更加精练，所涉及的事项大都带有倾向性，对实际工作更有指导和沟通的作用。

同是会议文书，会议纪要与决议也不同。首先，会议纪要是行政公文，而决议不是。其次，决议的内容一般都是比较重要的，而会议纪要记录的事情有大有小。再次，决议的内容要经过讨论才能成文，而会议纪要是根据会议内容概括出来的，不要求征得各方同意。最后，决议的内容往往比较单一，而会议纪要可以写几个方面的内容。

二、会议纪要的分类

会议纪要的分类有很多。从内容来分，有工作会议纪要、座谈会会议纪要等；从性质来分，有决策性会议纪要、协调性会议纪要和研讨会会议纪要等。把内容、性质结合起来进行分类，可分作两大类：决策性会议纪要和研讨性会议纪要。

（一）决策性会议纪要

会议经过讨论后达成共识，提出对某项具体工作的意见和建议，议定的事项要求有关单位共同遵守和贯彻执行。这种会议纪要起决策和指导作用，同时还有行政约束力。例如：

进一步研究部署抗震救灾工作会议纪要

5 月 14 日，中共中央政治局常务委员会再次召开会议，进一步研究部署抗震救灾工作。中共中央总书记胡锦涛主持会议。

会议听取了国务院抗震救灾总指挥部关于当前抗震救灾工作的汇报。会议认为，面对这场特大地震灾害，在党中央、国务院、中央军委的坚强领导下，地方各级党委和政府紧急行动，人民解放军、武警部队冲锋在前，各有关部门大力支持，社会各界无私援助，目前抗震救灾各项工作正在有力有序有效地进行，灾区社会秩序总体稳定。

会议指出，这次地震灾害影响范围广，人员伤亡多，抢救难度大，抗震救灾工作面临严峻挑战和困难。中央要求，各地各有关方面务必把抗震救灾工作作为当前最重要最紧迫的任务，不畏艰难，连续作战，团结协作，全力以赴，坚决打胜抗震救灾这场硬仗。

一、要把抢救被困群众放在第一位，只要有一线希望，就要尽一切努力施救。中央决定，增派人民解放军、武警部队、公安消防特警，并配备必要的器械和工具，迅即赶赴灾区一线，全力投入抢险救援。

二、要继续从各地和部队调集医护人员，组成医疗队和专家组，到灾区对受伤群众实施救治，并加强卫生防疫工作，防止灾区疫病流行。

三、要千方百计安排好灾区群众生活，继续筹措和调运灾区急需的食品、饮用水、衣被、帐篷等物资，切实解决好受灾群众的吃饭、饮水、穿衣、住宿等问题。同时，要深入细致地做好灾区群众思想工作，确保灾区社会稳定。

四、要抓紧抢修道路、电力、通信等基础设施，首先要想方设法尽快恢复通往灾区的公路交通，以保证整个抗震救灾工作顺利进行。还要切实防止次生灾害发生，避免造成新的损失。

五、要进一步加强对抗震救灾工作的领导，统一指挥，科学调度，加强协调，分工负责，严明纪律，确保中央抗震救灾决策部署落到实处。

中央号召，全党和全国军民要更加紧密地团结起来，一切为了灾区，全力支援灾区，以实际行动为抗震救灾贡献力量。中央坚信，有灾区干部群众不屈不挠、顽强奋战的大无畏英雄气概，有全国人民万众一心、共克时艰的社会主义协作精神，我们一定能够战胜这场特大的地震灾害。

（二）研讨性会议纪要

会议通过对有关方针政策或学术问题进行探讨，起到交流经验的作用，因此，这类会议纪要主要是让有关方面了解会议情况，没有行政约束力。但是，如果涉及的问题对工作有指导作用，并且经领导机关批转有关单位，那么它的作用就和决策性会议纪要相同。

三、会议纪要的写法

会议纪要的写作方法比较特殊，与一般公文有别。

（一）标题

会议纪要的标题与其他公文的写法不同：①由会议名称和文种“纪要”组成，如“全国统战工作会议纪要”、“广东省企业家座谈会纪要”。②双行标题。正题，说明会议的意义或内容；副题，说明会议名称和文种。如“晚稻生产应立足于稳，在稳中求高——全省晚稻生产座谈会纪要”。

（二）正文

正文由开头、主体和结尾组成：

（1）开头，也叫导言，一般是简要介绍会议召开的有关情况，比如：会议的指导思想、会议宗旨、议题、目的、时间、地点、与会人员、主持人等。这部分要求简洁概括，不要长篇累牍。

（2）主体，写作的核心部分。主要说明会议讨论的具体问题、会议提出的意见以及作出的决定等。这部分内容比较繁杂，一定要注意主题鲜明、文字简练，安排好结构，才能使文章条理清晰。可以采用段落式、分条列项式、小标题式、发言记录式，也可以采用综合式。结构方法灵活多样，主要是要有条理。在写作时，可以运用一些习惯用语，如“会议认为”、“会议指出”、“会议决定”、“会议强调”等，这些语言多用在段落开头，形成段旨句，使主体的叙述有条不紊。

（3）结尾。一般对与会者提出希望和要求，诸如“希望有关单位认真贯彻执行会议精神”等。根据会议的实际情况，结尾可写可不写。

（三）署名和署时

会议纪要的发文机关和时间大都在正文开头部分已有说明，所以有时可以不写署名和署时。如果交代不清的，就一定要在正文之后标明。成文时间可以写在标题下。

会议纪要不写主送机关和发文字号。

思考与练习

1. 什么是公文的发文字号，如何才能写好公文？

2. 主送机关指直接负责处理该公文的机关。只有一个主送机关的，多个主送机关的和不必写主送机关的各有哪些文种？

3. 公文的成文时间是什么，怎么写？

4. 命令的发文字号与一般公文有什么不同？

5. 公告和通告有什么不同？

6. 如何写好批转性通知的标题？

7. 请示和报告有什么区别？

8. 请示和请批函，批复和复函有什么不同？

9. 请示的行文规则是什么？

10. 议案的发文机关和主送机关有什么限制？

11. 怎样写会议纪要的标题？

12. 试将下列句子改成公文语气。

（1）希望与此有关系的单位赶快把申请书填好，交到人事处来。

（2）你们同意不同意，尽快给我们答复。

（3）这个文件由你们根据情况处理后，直接报教育部。

（4）你单位×月×日发来的××号公函已收到，并且给各领导传阅了。你们在函中提出的各项问题经过我们的研究已经同意，特意写这份公函告诉你们。

13. 修改下列公文标题。

（1）“××市人民政府办公厅关于转发××省人民政府办公厅关于转发《国务院办公厅关于加强公共场所卫生管理的通知》的通知的通知”

（2）“××市人民政府关于转发商业局《关于进一步做好粮油供应工作的报告》的通知”

（3）“××市人民政府关于认真执行贯彻劳动法的通知”

（4）“××大学转发国务院侨办关于转发《财政部关于印发〈因公临时出国用汇管理办法〉的通知》的通知”

（5）“××大学纪律检查委员会关于批转《中共广东省纪委关于转发〈中共中央纪委、监察部关于坚决刹住用公款大吃大喝歪气的紧急通知〉的通知》”

（6）“××大学纪律检查委员会关于转发中共广东省纪委办公厅关于转发中央纪委关于他人给领导干部手机充值问题如何处理的答复的通知的通知”

14. 下列公文文种使用是否正确，为什么？

（1）某县银行向公众发布关于银行存款减息的有关事项，用公告行文。

(2) 某市税务局要与市教育局商量有关委培人员的事项，特向对方发了一份请示。

(3) 某县纪委拟批评该县某领导干部私设小金库，利用公款吃喝的错误，用决定行文。

(4) 某市税务局针对该市所属某工厂免税的请示作出答复，用复函行文。

(5) 海口市驻广州办事处需要更名，给广州市人民政府行文，用请示。

(6) 某公司年终要表彰一批工作表现突出的优秀职工，用决定行文。

15. 修改下面的公文。

公　告

为了贯彻我市总体规划，完成市人民政府下达给我区的向阳路扩建任务，并保证于我市成立××周年前顺利竣工，特公告如下：

(1) 向阳路扩建范围内的所有国有、集体单位、商店、个体摊贩、汽车站、停车场、邮亭，以及所有居民，限定在1999年12月14日前搬迁完毕。

(2) 所有搬迁单位、居民应按区人民政府的统一安排执行。个体摊贩一律迁往和平农贸市场摆摊。

(3) 从12月13日起，向阳路禁止车辆、行人通行，以保证安全施工。

(4) 所有搬迁单位和居民必须按此公告执行。借故不按时搬迁者，后果自负。

向阳区人民政府
向阳区城建局
向阳区公安分局
××××年×月××日

16. 修改下面的公文。

广州市教育局关于批转广东省教育厅
《关于本省中小学不得擅自提高学费标准的决定》的通告
〔1999〕粤教字3号

各区教育局、市属及区属各中学、小学：

现将广东省教育厅《关于本省中小学不得擅自提高学费标准的决定》发给你们。此致，敬礼！

附件：共二份。

广州市教育局

1998 年 6 月 5 日

17. 修改下面的公文。

关于撤销我省驻港机构在
香港与港资合办的三个公司的请示报告

×字×号

遵照×××发（1995）2 号文件和清理整顿驻港机构工作座谈会精神的要求，经我们进一步认真研究，决定再次撤销我省驻港机构与港资合办的三个公司，它们是×××公司、××××公司、×××××公司。

特此上报，请批示。

××省人民政府

1996 年 3 月 10 日

18. 某校位于市中心地带，因此常有车辆在校园内借道行驶，多次发生交通事故，严重干扰了学校的正常秩序。为了还师生一个安静、安全的校园，学校保卫处准备发一份通告，严禁外单位的机动车辆借道行驶。请代该校保卫处拟文。学校名称可虚构。要符合公文的格式和写作要求。

19. 某省会计师学会要举行“会计师制度研讨会”，会议地点是××市，参加对象是各高校从事会计教学的副教授以上的教师、各知名企业的会计主管、会计师事务所的代表等。其中有省内其他城市人员。会议要求与会人员交论文一篇。请拟一份通知，除上述事项之外，其他如会务费、食宿问题、时间、地点、会议日程安排等事项自己补充。要求：符合公文要求，事项清楚明白。

20. 根据下面提供的材料，写一篇通报。

面对尖刀，挺身保护乘客、浴血擒凶的保安员李增良、苏惠强、骆辉荣三人，今天受到广州市第一汽车公司通报表彰。一汽公司还授予李增良

"优秀保安员"称号，晋升一级工资，嘉奖6 000元，对苏、骆两人也分别给予了嘉奖。

12月8日上午9时许，李增良偕苏惠强、骆辉荣随市公安局刑侦处侦察员李应权、方少波共5人从中山八路搭乘公共汽车19路线865号车前往芳村花地执行任务。当车行到坝口车站时，一个不停地张望乘客口袋的青年引起了车上公安人员和保安人员的注意。在芳村站停车落客时，那人扒窃一老伯后又向一女乘客行窃，保安员苏惠强靠近事主并用身体撞开扒手。扒手发现情况不妙，将从老伯身上窃来的一纸包人民币扔在车厢地板上。苏惠强见状，立刻扑上前去擒拿扒手。在搏斗中，苏身上多处被殴伤。由于扒手的同伙阻挡，扒手摆脱苏后冲到后门，但被车上的公安、保安人员挡住去路。扒手顿时凶相毕露，旋即取出匕首。保安员李增良见状立即奋不顾身地扑上去，将扒手拦腰抱住。狗急跳墙的扒手用匕首反手往李增良的腹部猛刺一刀，跳下车逃走。在公安、保安人员和群众奋力围捕下，歹徒束手就擒。

李增良被扒手捅伤后，腹内一条主动脉被割断，血流如注。由于送院抢救及时，终于度过危险期。今年21岁的李增良是去年7月到"一汽"担任保安工作的，平时表现出色，今年8月借调到市公安局刑侦处反扒班工作，仅3个月即擒获扒手11人，侦破刑事案件10宗。

要求：①复述简明，评价得当，要求合理；②正文字数在500字左右；③符合公文格式、要求；④发文单位是"广州市第一汽车公司"；⑤发文时间假定为作者写作的日期；⑥发文序号为5号，机关代字为"穗一汽"。

21. 某单位向上级申请修建校舍，请代拟一份请示。发文单位、主送机关以及内容均可虚拟，但要符合请示的写作要求。

22. ××大学学生会因工作需要，欲购佳能复印机一台，此复印机除供学生会日常工作使用之外，还打算让学生利用课余时间对外服务，作为学生会勤工俭学的一个内容。购买复印机资金由学生会自筹。请代该学生会拟一份请示给学校设备处（注：购买理由可自行补充）。

23. 请就下列材料，代广州市人民政府写一篇拆迁房屋的通告。

广州市人民政府拟实施××路改造工程方案，其目的是塑造广州新形象，改善广州的环境，提高市民生活质量。××路改造工程的范围从××路到××路，全长共××××米，已划出拆迁红线。广州市规划局已批准实施方案。工程中的征地、拆迁、补偿安置工作由广州市道路扩建工程办公室依据国家有关道路交通建设补偿规定的下限标准执行。本通告自公布之日起执行。居民拆迁安置地点为广州××路××花园。工程范围内需迁移的各种管线，由所有权单位负责迁移，费用由市人民政府支付。迁移管线如提高规格，所需费用不属补偿范围。有关单位及个人如对补偿方案有异议，可申请法律仲裁，但不得影响拆迁时间。拆迁后仍可继续申诉。工程范围内需拆迁的房屋，其所有权人应在本通告公布之日起20天内前往广州市道路扩建工程办公室办理拆迁补偿安置事宜。需带产权证明。过期视作无主产业。违章建筑限期拆除，不予补偿。各种管线的所有权单位应在本通告公布之日起10天内将图纸及处理意见等有关资料送广州市道路扩建工程办公室。任何单位和个人不得以任何借口妨碍拆迁工作，逾期不服从拆迁安置的单位和个人将依法强行拆迁。未经报建批准擅自敷设的管线，不给予补偿，并限期拆迁。在拆迁过程中若有人阻挠国家工作人员依法执行公务，干扰工程施工，造谣惑众、煽动闹事的，将受到治安管理处罚，构成犯罪的，由司法机关追究其刑事责任。

24. 请根据下列材料，拟两份函。

为了活跃农村生活，××省体育运动委员会决定于××××年举办全省农民运动会，因为场地所限，决定将各项目的比赛分散在省内各地举行。现在欲让××市承办篮球及田径两个项目的比赛，尚不知该市能不能承办，于是向××市体委发出一份询问函，希望他们在×月×日前明确答复。现就以上材料，以××省体育运动委员会身份发一份询问函，再以××市体委的身份发一个同意筹办的复函。

第三编

业务文书

[导言]

学习在日常业务中最常用的诸如计划、总结、调查报告等业务性较强的文书的写作，了解它们的含义、特点、分类以及写作方法，并能写出符合各种文体要求的业务文书。

第一章　计划与总结

第一节　计划概述

一、计划的概念与作用

（一）概念

计划是企事业单位或个人对在预定时间内所要完成的任务所作的科学化、条理化、书面化预想的一种应用文书。

自我国确立了社会主义市场经济体制的总方针后，市场经济模式在政府宏观管理下健康发展。政府的宏观管理、发展规划可以指导单位或个人结合市场供求趋向制定决策。对于单位和个人来说，要注意以上级领导的规划为指导和参考，群策群力，找出迈向市场、适合市场机制的工作措施、方法和步骤。

（二）作用

俗话说："人无远虑，必有近忧。"古人云："谋先，事则昌"、"凡事预则立，不预则废。"其大意都是：无论做什么事，都应该从长计议，事先有个计划才可能成功，否则就会手忙脚乱导致失败。这是前人的经验之谈。

现代管理科学认为，管理活动大致包括四个方面，即决策、计划、组织和控制。这四个步骤是环环紧扣、缺一不可的。计划介于决策、组织与控制之间，是为了使决策得以实施，使组织、控制有准则。可见，计划有利于协调各有关方面的工作，组织、控制进而推进整个工作进程。

联想集团前总裁柳传志说："联想集团发展得比较快的重要原因，就是成功地制定战略，并实现了战略要求。""制定战略"，就是制订计划，"实现了战略要求"，就是完成了计划。这是企业成功的"重要原因"。如果工作没有计划，会给企业管理带来严重的混乱，往往会被临时出现的工作任务牵着鼻子走，各职能部门的功能无法正常发挥，干部和职工不知道自己所做的事情与整体工作的运转是个什么关系，造成工作的盲目性、随意性。可见，有了计划，可以增强自觉性，避免盲目性，使各项实践活动合理、有序地进行。

二、计划的种类和特点

（一）种类

计划按时间分，有长期规划、年度计划、季度计划、月度计划、一周计划等；按计划范围分，有国家计划、地区计划、部门计划、单位计划、班组计划、个人计划等；按计划性质分，有综合计划、专题计划等；按计划内容分，有工作计划、生产（科研）计划、学习计划等。

计划的名称还有规划、目标、设想、要点、安排、打算、方案等。在运用时，不同的名称有细微的区别。规划、目标，是三年、五年甚至更长期的计划。内容比较统括的设想是初步、非正式的计划。要点常常是上级对下级布置任务用的短期具体计划。方案则是工作实施的方法和步骤，最为具体，如例文1。所以在制订计划时应选用恰当的名称。

（二）特点

1. 全局性

制订计划必须以党和国家的路线、方针、政策为依据。上级有总体的规划，企事业单位、个人的计划都是局部的，局部必须服从全局。因此，每一份计划，每一项具体任务，甚至一字一句，都应顾及党和国家的总体规划。只有这样，才能避免盲目性，使宏观与微观协调统一，为完成计划打下基础。

2. 决策性

计划是在工作实施之前制订的，是超前思维的产物，所以制订计划之前要对工作的全过程有正确、清醒的认识，然后制订出切实可行的计划，这就是决策。另外，在执行计划的过程中往往会出现出乎意料的情况，阻碍计划的顺利实施。此时，修正部分计划是允许的，这种修正应该以预定目标为依据，修正的目的是为了完成预定目标。计划一经确定，就对领导者、执行者形成约束与督促。通常情况下，不要擅自改变。

3. 可行性

制订计划时，必须对本单位、个人的实际情况进行科学分析，指标应该是经过努力可以完成的。如果不进行科学的分析，盲目提高指标，就会挫伤执行者的积极性，就无法完成计划指标。如果指标太保守，就是不思进取，就没有制订计划的必要，因为制订计划的目的是为了更好地完成指标。所以，以上两种情况都应该注意克服，把握好一个“度”。

4. 指导性

计划的依据、目标、措施不是凭空杜撰出来的，而是在检查前一阶段的工作，明确下一阶段的工作任务，分析下一阶段的工作任务以及主、客观条件之后制订而成的，所以它必须能指导工作实践，使计划落到实处，明确回答“谁做”、“怎么做”、“什么时候做完”。如果没有指导性，计划就成了一纸空文，就没有制订的必要了。

第二节　计划的写作

一、计划的基本结构和写法

（一）标题

常见的标题包括四项内容：计划的执行者、计划的时间界限、计划的内容和表示计划这一类特定词，如“东城支行××××年贷款发放实施方案”。但具体到一篇计划，不一定四项俱备，有时制订计划者名称不写入标题，而是标示在正文之后，制订日期之前。如果是图表式计划，标题可标出“××计划图”或“××计划表”。如果计划还要经讨论才能定稿，标题后或标题下用括号加注，如“讨论稿”、“送审稿”等。

（二）正文

1. 正文的内容

正文的内容通常包括三部分：

（1）计划依据。第一部分一般概述制订计划的依据。制订计划的依据：一是党和国家的方针、政策；二是上级机关的指示，总体的经济形势；三是本部门的实际情况。比较详细的计划还要分析上一阶段计划的执行情况，取得哪些进展、存在什么问题等。还可以预测本计划期内政治、经济新形势、工作新环境、条件、特点及其他与计划有关的情况。这一部分是回答“为什么要做”的问题。

（2）计划目标。第二部分是计划任务、要求和目标，回答“做什么”的问题。目标是计划的灵魂，任何计划都要写明计划期内所要完成的任务、目标，包括质的规定和量的要求。

（3）具体措施。第三部分是完成指标的措施和步骤，这是完成计划任务的具体保证。制订计划的目的是为了指导行动，只有把具体的实施措施和完成任务的手段、方法指出来，才便于指导、执行、检查。这部分内容是采用什么办法，分几个阶段、步骤，各个阶段的时限和具体要求，有时要落实到部门或个人，回答“怎么做”、“谁做”的问题。

2. 常见的结构形式

(1) 段落式。段落式依靠文字叙述，将计划中的各项内容说清楚，形式与一般文章相同。它适用于原则要求多而具体指标少的计划。

(2) 条文式。条文式把计划中的各项列成条文来写，它适用于比较具体的、近期的计划。

(3) 表格式。表格式把计划项目分成几个栏目，画成表格填写。适用于所订计划涉及部门较多，数据指标比较复杂，各阶段时间界限比较明确的计划。

(4) 综合式。综合式是既有文字叙述，又有条文，甚至还有表格的计划。它适用于内容比较复杂或数字比较多的计划，如例文 1。

(三) 署名和署时

正文右下方，写制订计划的年、月、日。若标题中没有点明制订计划的单位或部门，在署时的上方应该写明。

二、计划的写作要求

(一) 要符合党和国家的方针、政策

要认真学习党和国家在各个时期的方针、政策，计划应该符合这些方针、政策，这是大前提。比如，中共中央十七届三中全会对农村土地问题作出新的决策，允许农民以多种形式流转土地承包权。此时，有关领导就应该认真学习、领会，贯彻有关精神，不得作出违背党的政策的长期规划或近期计划。

(二) 要与市场吻合

在社会主义市场经济条件下，市场起着经济杠杆的作用。政府为经济发展制订预测性、指导性计划，起宏观管理的作用。在此基础上，单位和个人应制订符合自身条件的计划，力求使产业结构、产品结构与需求结构、消费结构关系趋于协调，符合市场需求。

(三) 要从实际出发

制订计划要以上级部门有关工作部署和要求为依据，根据本单位、制订计划者的实际情况及自身的发展规律来制订切实可行的计划，不能根据主观愿望闭门造车。所以，确定任务目标，既要勇于创新挖掘出潜力，又要切合实际。计划中的数量指标，要采取科学方法进行量化分析、预测，应该是经过努力可以达到的。

(四) 要目标明确，任务具体

制订了计划要考虑某一时期内任务的轻重缓急，防止轻重不分，应

"择其要者而述之"。任务具体，执行者才能心中有数，按照要求和步骤去做，从而按部就班地完成任务。这样也便于有关部门对照计划检查工作，责任到位。

第三节　总结概述

一、总结的概念与作用

组织和个人在工作、学习、生活告一段落之后，作一番回顾，找出成功的经验和失败的教训，悟出个中道理，得出规律性的认识，并将它书写成文，这就是书面总结。总结属于事务性文书，是每个社会成员在工作、学习和生活中必须掌握的文体。

在写作过程中，作者将以往零星、肤浅、表面、感性的认识上升到系统、深刻、本质、理性的认识，是实现认识条理化的过程。总结的过程也是自我分析的过程，分析哪些是成功的经验，可以提倡、发扬；哪些是失败的教训，应引以为鉴，从而修正错误，发扬成绩，寻找规律，以利再战。

总结成文之后，可以向上级汇报，便于上级领导掌握情况，调整工作部署，推广经验或者纠正某些偏差，更好地帮助、指导下级做好工作；可以向下级传达，使本单位或下属单位的干部、职工全面、深入地了解领导意图、工作情况、取得的成绩与存在的问题，这样既可以增强主人翁责任感，提高工作的自觉性和主动性，也有利于下级对上级的工作进行监督。有些比较典型的经验总结则由上级领导机关或社会传播媒介进行宣传、推广，或用于平行单位或不相隶属单位之间的交流，这样可以扩大总结单位的知名度，对社会也是一种奉献。

二、总结的种类和特点

（一）种类

总结的种类很多，写作时要根据写作意图加以选择。总结按内容分有工作总结、生产总结、学习总结、思想总结；按作者分有部门总结、单位总结、个人总结；按时间分有年度总结、季度总结、月度总结、阶段总结；按性质分有综合总结（也叫全面总结）、专题总结。从不同的角度分类后，总结的名称多样，但从写作目的、写作内容、写作要求来看，总结不外乎两大类：综合总结与专题总结。

综合总结是一个单位、一个部门对某个时期的情况所进行的全面总结。

所要指出的是，作综合总结并不等于面面俱到、包罗万象，而是根据主题的需要有所侧重。例文3介绍的是办公室一个年度方方面面的工作，属综合总结。专题总结是选取工作中的某个方面、某些成绩、某种经验、某类问题进行阐述，要求集中一点，突出特色，内容单一、集中，针对性强。每完成一项任务或进行一种尝试后进行整理、归纳，找出规律，属于专题总结。

（二）特点

总结具有实践性、经验性、理论性和叙事性的特点。

1. 实践性

实践是总结的基础，没有实践，总结无从下笔。有了实践之后，必须对自身的实践活动进行归纳、提炼，无论是正面的经验还是反面的教训，都可以作总结。通过“说长道短”，提高认识，以便对今后的工作起指导、借鉴作用。

2. 经验性

总结实际上就是对经验、情况进行分析研究后作出的有指导性质的结论。经验性成了总结写作注重的一个特点。写总结就要学会从无数的材料中分析出经验在哪里，教训在什么地方。成功的总结应该能概括、归纳出带有规律性的经验来。

3. 理论性

总结以实践为内容，以事实为基础，但不能只讲事实，应该上升到理论高度，作理性的揭示，这就体现出理论性。总结中的理论部分，要注意掌握好分寸，不能像写议论文那样以大量的逻辑推理说服人，而是就事论事，点到即止，起画龙点睛的作用。

4. 叙事性

总结在行文时用较多篇幅叙事。概括情况要叙述，典型事例也要叙述。在叙述过程中可适当加以说明，不强求抒情、描写，要慎用夸张、双关、借代等修辞手法，避免产生歧义。叙述以第一人称为宜，要做到简洁、明快、生动。

第四节　总结的写作

一、总结的基本结构

总结的构成大致包含标题、正文、落款三大部分。

（一）标题

总结的标题因内容不同而有所区别。综合性总结范围大，标题类似公文，如“××市人民政府××××年工作总结”，标题包括单位名称、时限、主要内容和文种。专题性总结标题形式比较多样，如“改革才能前进，‘松绑’才能搞活”、“在竞争中求发展”，这类标题点明了总结的主题。有些总结的标题正题比较虚，还可加副标题来点明，补充范围、名称等，如“薄利多销　保质保量——××市服装公司经验总结”，正题点明经验，副标题点明了单位名称。

（二）正文

1. 基本情况

介绍基本情况是为后文的进一步分析打基础。这一部分要简明扼要地交代工作、生产、学习等活动的时间、背景、事实的经过，说明它们是在什么基础上进行的。有时，这部分也可对后文要详细介绍的做法或经验作总的说明，为开启下文作好铺垫，如例文3，开头用四个分句点明总结工作的特点和成绩，然后用一句话过渡到下文。这一部分内容要简明、概括，不要不着边际地写一些与主旨无关的话。

2. 主要做法

这一部分是总结的重点，应详细地、分门别类地介绍那些独特的、与众不同的、有借鉴意义的做法，以突出写作的意图。如例文3主要写了六个方面的经验，且均用小标题标出。

3. 经验（成绩）与教训

这也是总结的重点。成绩是什么，如何取得的，有何经验体会；教训是什么，原因是什么，今后如何改进。如例文3有四个方面的体会，均用段旨句概括，且四个段旨句又组成一组排比，仔细咀嚼，耐人寻味。

以上两部分内容，有时也可以合在一起写，因为在介绍做法时，往往也要加以分析，指出其正确与否。

4. 存在问题及今后努力方向

这是正文的最后部分。若总结的意图在介绍经验，就可以不写问题。如果是综合总结，发现问题就写问题，有不足就写不足，如例文3提了一点不足，明确了新的一年的努力方向。

（三）署名和署时

在正文的右下方写明总结者的名称和定稿的年、月、日。如果标题中已标明总结的单位或者标题的正下方已经署上单位名称，文末可以不写。

二、总结的写作要求与审定

（一）总结的写作要求

1. 注意积累，占有材料

总结是对较长时间工作的回顾，所以在整个工作过程中，应时时处处当有心人，为写总结积累材料。某个典型、某些细节、有关的时间、地点、人物、事件、原因、结果等无不在收集之列。这样，写作时材料才能信手拈来，运用自如。当然，也不排斥用开座谈会、个别调查等方法收集材料。

2. 探索规律，提炼观点

所谓规律，即工作中的基本经验。此经验要能体现事物本质，能够经得住实践检验，具有普遍适用性。一篇好的总结应把探索规律放在重要位置上。如果总结只是回顾事实，不探索规律、提炼观点，“总”而不“结”，那是写回忆录，是实况转述，不是写总结。总结的过程就是提高的过程，是对实践的本质概括，反映事物的本质，以便指导今后的工作，对其他单位也有借鉴作用。

3. 突出特点，抓好重点

写总结必须写出特点。“年年岁岁花相似，岁岁年年人不同”，写总结就要写出此“不同”之处。否则，今年与去年相似，此总结与彼总结雷同，完全是为了例行公事，应付上级检查，这类总结起不到指导、借鉴作用。写总结不需要面面俱到，即使是综合总结也应该注意。

4. 注意表达，力求生动

总结是应用文，它与文学创作不同，其叙述是概括的，说明是简明的，议论是直接的，不要有抒情、描写，用词造句要语意明确。比如，“有关方面的有关人员负有一定责任”，究竟哪些方面、哪些人员、负有什么样的责任只字未提，这是推卸责任的写法，不应该在总结中出现。总结的生动，一靠材料本身吸引人，二靠比喻、排比等修辞手法的运用。如某篇总结写道：“仅靠领导划桨，大家坐船”，这个比喻就很形象。有篇个人学习总结写道：“在我看来，学习是一种政治责任，是一种思想境界，是一种精神追求……”用的是排比。另外，适当引用顺口溜、民谣等，也是一种好方法。

（二）总结的审定

绝大多数总结是单位的工作回顾，行文的是个体的人，代表的则是某个企业或团体，所以在形成初稿之后，还要经过反复的推敲、修改，才能定稿。审阅时应注意以下几个问题：

1. 是否符合党和国家的大政方针

党和国家的大政方针是行动的准则。如某一时期主要是贯彻深入改革开放的方针，那么，各方面都要体现出深入改革开放的精神；某一时期中心工作要拉动经济，那么各方面工作都要与此有关。不能偏离党和国家的大政方针，更不能背道而驰，否则立意就可能不正确。

2. 材料的运用是否恰当

首先要看材料是否真实。不能为宣传成绩而置事实于不顾，按需要去夸大统计数字，也不能因为企业的困境而虚报数字，应该实事求是。其次要看详略的处理是否符合写作的需要。最后要看材料的运用是否有针对性，是否充分。有时候，有的观点要用典型事例、具体数字来证实，就要加以补充，这样总结才有说服力。

3. 文章的结构是否合理

文章的结构是为安排材料、体现主题服务的，一味堆砌材料会导致结构臃肿，主题就无法很好地表现。做法介绍了三条，从而得出三条经验。如果做法写了很多，经验寥寥几句了事就不行。文章层次与层次之间条理应该清楚，这样无论是领导看、群众看还是同行看，都清楚明白，有条有理。

4. 文字表达与书写是否规范

文字表达要合乎语法、合乎逻辑、合乎规范，要能正确反映全文的主题，要既简明扼要又通俗易懂。书写格式规范体现了严肃性和权威性。总结的正确书写，包括文字和标点符号的正确运用，是作者工作态度认真的表现，同时代表了单位的形象，可谓于细微之处见精神。

例文 1

×机关公文写作与处理培训方案

为进一步提高机关新进工作人员的公文写作与处理水平，结合机关工作实际，针对机关公文写作与处理的特点，制订本培训方案。

一、培训依据

本培训方案的制订，以《国家行政机关公文处理办法》（国发〔2000〕23 号）为主要依据，参照 2005 年国家机关公务员录用考试对所招职位的职位说明，借鉴国家职业资格培训对三级（高级）、二级（国家级）秘书的鉴定考核的鉴定范围、鉴定重点和重要程度的鉴定方式，力求提高机关新进工作人员的公文写作水平。

二、培训目标

通过本培训提高学员的综合分析能力和语言表达能力，掌握解决公文实践中常见问题的办法，使学员的公文写作与处理水平有一定提高，能轻松熟练地写出高质量的公文。

三、培训对象

机关新进工作人员。

四、培训内容

本方案的培训内容共分七个板块（板块四、板块七为重点）：

板块一：公文格式的规范及公文处理（2学时）；板块二：公文常用的标点符号（1学时）；板块三：数字的用法（1学时）；板块四：通知、报告、请示、函、会议纪要等文种的写作（8学时）；板块五：会议记录、简报、计划、总结的写作（4学时）；板块六：校对符号（1学时）；板块七：公文写作技巧（3学时）。

本方案的七个培训板块包含的具体内容如下：

1. 了解公文的含义、内容和方式。掌握草拟文稿的注意事项，掌握公文的修改原则和方法。

2. 掌握公文的语言特征，熟练使用规范的公文用语，提高语言表达能力。

3. 了解材料的含义和作用，熟悉选择材料的要求，掌握安排材料的方法。

4. 熟悉结构的基本内容，掌握公文的结构、原则、要求，掌握公文的文面结构类型。

5. 掌握公文显示主旨的方法，准确表达公文的主旨。

6. 汉语基础知识，句子、段落在公文中的使用。掌握公文常用的标点符号，如逗号、句号、连接号、冒号、括号、引号等标点在公文写作中的正确使用。

7. 熟悉行文规则。

8. 了解公文的制发程序。熟悉办文中的协调工作。

9. 熟悉公文的制发程序（发文稿纸的正确填写）。

……

五、培训学时

培训学时为24学时（共3天，包括4学时的考评）。

六、培训方式

理论课与实践课相结合。

理论课讲授公文基本知识和专业知识，有针对性地重点讲解公文写作方面应重视的知识；实践课采用比较灵活的方式，一是提供已制定完备但有些瑕疵的公文，与学员共同分析讨论公文格式和内容上的问题；二是提供规范优秀的公文，与学员共同观摩学习，分析公文的写作技巧，从而提高自身的写作水平。

七、考评方式

理论考试：采用试卷进行公文基本理论知识考试；技能考试：提供材料进行写作水平考试。

（引自《应用写作》2008 年第 3 期）

例文 2

全国人大常委会 2008 年立法工作计划

（2008 年 4 月 15 日第十一届全国人民代表大会常务委员会第二次委员长会议通过）

2008 年是十一届全国人大及其常委会依法履职的第一年。全国人大常委会立法工作要深入贯彻落实党的十七大精神，以完善中国特色社会主义法律体系为目标，从我国基本国情出发，坚持以人为本，坚持实事求是，集中力量抓紧制定在中国特色社会主义法律体系中起支架作用、改革开放和现代化建设急需的法律，及时修改与经济社会发展不相适应的法律，督促有关方面在实践的基础上尽快制定和修改与法律相配套的法规，确保到 2010 年形成具有中国特色社会主义的法律体系并不断加以完善。

一、研究制定五年立法规划（略）

二、2008 年立法工作安排（略）

三、积极推进科学立法、民主立法（略）

四、加强法律的学习宣传和培训（略）

例文 3

××县地税局办公室 2002 年度工作总结

一年来，我们办公室紧紧围绕全局工作中心，当参谋，尽心尽力；抓服务，任劳任怨；促协调，顾全大局；督落实，尽职尽责。在参与政务、管理事务、搞好服务方面取得了一定的成绩，较好地发挥了办公室参谋助手、协调服务、监督把关、后勤保障的作用，特别是在综合信息、税收宣传、调查研究等方面做了大量工作，取得了全市年度目标考核第一名的好成绩。

回顾一年来，我们主要做了以下六个方面的工作：

一、材料综合工作

材料综合及时有效，成为参政、议政的重要工具。一年来，办公室草拟领导讲话22份，各类汇报材料11份以及综合性和单项工作总结6份，共计近30万字，保证了年初总结表彰会、全市文明创建现场会等重要会议的顺利召开，保证了各项重大工作及时贯彻落实到基层，起到了服务决策、传达政令、推动工作的作用。

二、公文处理工作

为保证机关公文处理高质、安全、及时，积极实施新的公文处理办法，认真执行公文处理的有关规定，进一步规范公文处理流程，严格把好收文、发文关。一年来，共处理公文981件，其中收文件594件，发文件110件，机要文件77件，打印机关各种文字材料600多件，共计100余万字。全年整理档案12卷，全部输入微机，进一步巩固了办公自动化的建设成果，不断拓展办公自动化应用范围。

三、信息编报工作

一年来，我们充分利用办公室联系上下、沟通左右、汇集八方的职能优势，凭借纵贯系统上下、反应灵敏的信息网络，及时准确地编报和反馈各类税收信息。全年共编发《信息专报》57期，被省局采用8篇（条），市局采用12篇，在省局信息工作年度考核中名列县（市）级前茅。

四、税收宣传工作

税收宣传取得实效，成为展示国税形象的重要窗口，在日常新闻宣传和税收宣传月活动中均取得了较好成绩。据统计，一年来，全系统在省级以上媒体发表各类税收新闻稿件65篇。“税收宣传月”活动期间，全系统共推出了10多个丰富多彩的宣传项目，开展了一系列别开生面的税收宣传活动，如组织演讲比赛、送电影下乡、走访纳税户等活动。

五、税收调研工作

一年来，我们抓住地税事业发展中带有苗头性、倾向性、全局性的问题，有针对性地开展税收调研，及时为局领导决策提供前瞻性的服务，真正“参”到点子上，“谋”在关键处。全年在省级以上报刊发表调研文章5篇，在省局获奖6篇。圆满完成了市局布置的依法治税调研课题，撰写的论文“依法治税的国际比较与借鉴”被用于省局专题研讨会交流。

六、运转保障工作

为了把保障工作落实到位，我们按照“工作要细，落实要快，督办要勤”的要求，联系畅通，保障局机关办文、办公等日常性工作的正常运作。一年来，我们针对办公室外来办事的人员多、电话多、领导临时交办的任务多等特点，牢固树立全局一盘棋的思想，协调各方，耐心解答，及时处理，从没有发生因工作失误而影响全局的事情；在督导把关上，加强公文制发环节的管理，严格审核把关，并严格执行机关财务管理制度，把好审核关，保证了机关经费的使用效益；在督查考评上，认真做好局务会议记录和会议纪要的整理，搞好会议精神的上传下达，工作情况的内外沟通，问题处理的左右协调，充分发挥了办公室的服务保障职能。

总之，一年来，办公室认真履行各项职能，做了一些实实在在的工作，为全局顺利完成各项任务作出了应有的贡献。

分析总结一年来的工作，我们深感有以下几方面体会：

要搞好办公室工作，领导的重视和支持是关键。局领导无论在思想上还是在行动上，都对办公室的工作给予了高度重视、支持和关心。局领导经常亲自过问和指导办公室工作，找办公室的同志听汇报、出题目、提要求、交任务、压担子。同时，为了使办公室有关人员更好地了解全局、谋划全局、服务全局，让有关人员参加局务会、局长办公会，阅读重要文件，及时掌握上级有关精神和方针政策，充分了解领导决策思路和意图。

要搞好办公室工作，加强责任考核是动力。我们重点建立和完善了办公室工作责任机制和工作绩效考核机制。在规范各个岗位的职能、职责、目标与标准的基础上，通过制订切实可行的检查考核方案，对办公室工作人员的工作绩效进行严格的检查考核，形成制约和激励机制，做到奖优罚劣、赏罚分明。

要搞好办公室工作，健全管理制度是基础。办公室工作的有效开展，离不开一套完善的工作制度和规章。我们按照改革后办公室的各种工作职责，建立相对应的工作目标管理制度，使各项工作有章可循，有规可依，促进了办公室工作的规范化，保证了办公室工作的高效运转。

要搞好办公室工作，完善基础设施投入是保障。局领导对办公室的正常经费开支都优先保证。县局拨出专项经费，为办公室购置了新的油印机、复印机和档案密集架。年末，为搞好与县政府办公室微机联网，更新了部分办公设备，以适应办公室工作的发展需要。

在总结成绩的同时，我们也清醒地看到，在过去一年中，我们的工作中存在一些如管理机制不够活、工作效率不够高等问题，需要在今后的工作中加以改正。在新的一年里，我们要进一步理清工作思路，坚持参与政务、管理事务、搞好服务三项宗旨，履行参谋部、信息部、宣传部、服务部四项职能，发挥好参谋作用、助手作用、协调作用、把关作用、督办作用等五种作用，积极高效地参政管事、承上启下、联系左右、沟通内外，服务领导决策，保证机关运转，督导工作落实，为全面完成2003年地税各项工作任务作出新的贡献。

二〇〇三年一月

（引自全国税务系统基础知识培训教材，稍有删改）

第二章　调查报告与简报

调查报告是对某一事件、现象、问题等进行周密的调查研究后，写成的有事实、有观点、有分析、有结论的书面报告。它是机关工作中普遍使用的应用文书。调查报告是“调查”与“报告”相结合的产物。“调查”是“报告”的事实基础和理论依据，“报告”是“调查”目的的具体体现，二者相辅相成，缺一不可。

第一节　调查报告概述

一、调查报告的写作目的

所谓调查，是按预定的目的、运用辩证的方法对被调查者进行周密、细致的访问，并据以深入进行系统的研究分析，从而揭示出事物的内在联系、本质规律的一种认识活动。在调查的基础上进行归纳、提炼，将调查的内容、结果形成书面语言的形式，就是我们所说的调查报告。

调查报告的写作目的，大致可以分为以下三类：

（1）制定政策需要调查报告。没有调查就没有发言权。领导在制定方针政策之前，必须对客观实际进行大量的调查，从而为制定方针政策、进行科学决策提供参考和依据，使方针政策符合实际需要，具有科学性、权威性。

（2）交流工作经验需要调查报告。总结经验的调查报告可为基层单位提供经验或教训，使其有所借鉴。如把群众中涌现出来的好人好事、干部中的好作风好经验、突出的工作成绩写成调查报告发表，可为同行提供生动典型的案例，有助于迅速推广先进经验，推动工作健康发展。

（3）揭露矛盾、解决问题需要调查报告。矛盾无时不有，无处不在，揭露矛盾是解决矛盾的前提。这类调查报告往往针对社会上某一事件、某一问题进行调查，揭露事实真相，分析产生的原因，便于问题的解决，也为领导公正处理提供依据。如果刊登在报纸杂志上，还可以起舆论监督作用，对于促进矛盾解决、推动事业发展具有重要意义。

二、把握调查报告的特点和分类

（一）调查报告的特点

调查报告的特点，主要有真实性、针对性、典型性。

调查报告的内容必须真实。真实是调查报告的生命，文章中所反映的情况、说明的问题、引用的数字等都必须准确无误，绝对不能搞“合理想象”。调查报告要求能及时回答大众关心的和迫切要求回答的问题，调查是有备而来的，是有目的而作的，唯有针对性强才能发挥调查报告的指导作用。此外，材料要有典型性，无论是正面还是反面的事例都应该具有典型性，通过对典型材料的分析研究，找出带全局性、规律性的东西，从而以典型带动一般，对工作起到指导、借鉴作用。

（二）调查报告的分类

调查报告的内容广泛，形式多样，可从不同角度分类。按调查内容性质分，可分为反映新生事物的调查报告、介绍典型经验的调查报告、揭露问题的调查报告、反映事实的调查报告四种。按内容范围分有两大类，即综合调查报告、专题调查报告。

综合调查报告可以就一个单位的情况作比较全面的调查，也可以就一个问题对许多单位进行调查，在此基础上写出的就是综合调查报告。此类调查报告涉及面广，需较多时间收集材料，所写内容范围广，深度不够，往往是作粗线条勾勒。

专题调查报告是就一项工作、一个问题、一种情况作系统的调查研究后所写的调查报告。这类调查报告涉及范围小、内容单一，调查可以深入细致些，所写的调查报告意旨也可深刻一些，如例文2就是一份专题调查报告。

三、调查的方法与态度

没有调查就没有发言权，做好调查研究工作，是谋事之道、成事之基，也是写好调查报告的前提。调查报告是在对客观事物进行深入细致的调查之后经过归纳、整理写出来的，它首先要求调查者有较厚实的理论修养、较高的政策水平和多方面的知识，更需要调查者有正确的观察分析、研究、解决问题的立场、观点、方法。其次要做好调查研究工作，只有这样才有可能写出有质量的调查报告。因此在写调查报告之前，必须先做好调查研究工作，这里牵涉到调查的方法与态度。

（一）调查的方法

调查前应该明确本次调查的目的是什么，所写文章是发表在报章杂志上还是供领导决策参考，要达到什么要求；然后确定选题，对与选题有关的资料，如党和国家的有关政策、被调查地区或对象的大致情况等做到心中有数；最后拟定调查提纲，调查提纲包含调查项目、对象、内容、方式及调查步骤、要求、经费的安排等。这是调查工作的行动纲领。

调查一般分三步走：全面调查、纵深调查、补充调查。

调查时方法多样。调查的目的是为了获得真实、准确的第一手材料，可以采用开调查会、现场采访、个别交谈、蹲点搜集、拟问卷表等方法。什么方法效果好就用什么方法，还可以多种方法并举，获取材料。

调查后分析整理材料。首先要对材料进行分类、核实、补遗、综合等工作，然后对材料进行分析、思考，“去粗取精，去伪存真，由此及彼，由表及里”。透过现象把握本质，揭示出规律性的东西，为解决问题、指导实践、形成决策提供依据。

（二）调查的态度

首先，要有正确的立场、观点，否则就无法辨明是非、明确目的，也就写不出合乎客观实际的调查报告。其次，调查的态度要端正。中央电视台知名主持人白岩松说：“采访时看见高官不仰视，对平民百姓不俯视，一律采取平视。”这种采访态度也可用于调查研究工作。唯有如此，别人才愿意跟你说真话、说心里话，你也才能得到真实鲜活的第一手材料。最后，调查目的要明确，对“为什么调查”、“调查什么”、“调查后要解决什么问题”等，都要有所思、有所备。

第二节　调查问卷的拟制

在众多的调查方法中，调查问卷被更广泛运用于调查实践中，它比其他方式更标准化、系统化、指标化。因此，调查问卷的拟制常常是调查报告写作的重要手段，调查问卷的拟制恰当与否，直接关系到调查效果的好坏以及调查报告写作的成败。设计不当的调查问卷往往会造成资料遗漏、偏差、重复以致无法汇总、分析，学会拟制一份主题明确、内容切题、语句简明、答案完备、排序合理的调查问卷至关重要。

一、何谓调查问卷

用书面形式设置种种问题以及可供选择的答案，对公众进行书面访问，就是调查问卷。随着市场经济的深入发展，市场调查公司遍布我国各大、中型城市，问卷调查的方式被市场调查公司大量采用。

调查问卷的特点是适用于较大范围的调查工作。书面问卷可以大量印刷、复制、派发、邮寄，这比开调查会、个别面对面访问简便得多，涉及面可以更广泛，且答题统计省时省力。调查问卷拟制了尽量完备的供选择答案，既节省答题时间又便于统计分析，可在短时间内收集到大量信息，并得出结论。此外，还可以获得比面访更多的信息，有些问题如揭露阴暗面、个人隐私等在面访时有所顾忌不好回答，采用不需署名的问卷调查就特别合适。

调查问卷的种类，从传递方式来分，有发送问卷、访问问卷、邮寄问卷和报刊问卷等。

二、调查问卷的设计

（一）标题

调查问卷的标题视情况而定，较大型的问卷标题有三项内容：主体 + 客体 + 文种，如“××大学教职工思想调查问卷”，这是较规范的调查问卷标题。多数问卷标题形式较自由，如“关于大学校园里师生关系的问卷调查”、“追踪调查：××大学毕业生看母校问卷表”、“街头访问问卷”、“《教育导报》向您求教”等形式不拘，能达到目的就行。

（二）前言

调查问卷在标题之后应有一段前言，用以向答题者说明该项调查的目的、意义、答题要求、回收时间和方式等有关内容，使答题者便于按要求操作。如“关于大学校园里师生关系的问卷调查”的前言为：“同学：您好！我们是教师联合会成员，为了进一步了解大学师生关系，改善师生关系，我们设计了这份问卷请您填写，谢谢您的支持和配合。”此前言虽短，但目的明确，态度谦和，能得到答题者的理解和配合。

（三）问题的设置和供选择答案的拟制

问题的设置是调查问卷的关键。问题提得是否切合设置者的意图、是否简单明了、供选择答案拟制是否完备科学，直接决定问卷的质量和调查目的能否实现。因此，设计问题和拟制供选择答案是拟写调查问卷的重点、难点。如果拟制不当，将直接影响到调查报告的撰写，所以要花一番心思。如

"关于大学校园里师生关系的问卷调查"中有一道题问："在学习中，你对待专业课和选修课的态度分别是怎样的?"此题的侧重点是课程设置而不是师生关系，与问卷调查的主题无直接联系，应该删除。此外，答案拟制的措辞恰当也十分重要。仍以上份调查问卷为例："你心目中老师应是怎样的外部形象?"答案为：A. 仪表大方；B. 身穿名牌；C. 无所谓。这三个答案显然不能概括"外部形象"的全部内容。又如问"你家的经济收入如何?"答案为：A. 很高；B. 一般；C. 较低。这样的答案设置就不科学。避免出现这些问题的方法是：出题者自己先做一遍，找出不当之处，还可以请有关专家、研究人员审阅并提出意见，并依此作出必要的修改。

（四）排序和编号

调查问卷的问题排序也有讲究："应易答的题在前，难答的题在后；多数人可以回答的题在前，只有少数人或个别人可答的题在后；封闭性的问题在前，开放性的问题在后。同时应依问题之间的逻辑关系将相近、相关的问题排在一起，形成一个个问题群。"（宗世海《公关写作与编辑》）另外，所有问题应统一编上序号，便于统计分析、查询等操作。

第三节　调查报告的写作

一、调查报告的写作

在完成调查研究，获得足够的事实材料并进行了初步的整理分析之后，就可以进入调查报告的写作、审定阶段。调查报告的种类较多，目的各异，但基本的写作要求和方法是一致的。一般说来，调查报告的内容和形式可以从以下几个方面来考虑。

（一）标题与署名

调查报告的标题可以类似公文标题，用"关于"开头，概括内容，再加上文种。如"关于按经济合同办理贷款的调查"。也可以与一般文章类似，拟成单行标题或双行标题，如例文 2 是单行标题；若用双行标题，则正题点明主题，副题点明调查的单位等具体内容。

调查报告的署名视具体情况而定。如果是刊登在报刊上，则署名在标题下方居中位置；如果是供本单位领导决策参考的，则署在文尾右下方，如书信署名。

（二）前言

为了说明报告的真实性，开头应该交代调查的时间、地点、对象、范围，还可以点明文章的主题，如例文2开头点明调查报告的背景、基本观点和范围。如果是对上级的调查报告，还需要说明一下调查花了多少时间、做了哪些工作、抽样统计有多少，等等。因为这也是工作的汇报，有必要向领导说明。内容单一的调查报告可以省略前言部分，直接进入主体。

（三）主体

主体是调查报告的重点。内容一般包括：详细叙述调查到的主要情况，介绍被调查事物产生、发展的过程，分析其原因和背景，总结其经验或教训，找出规律性的东西来。

主体部分的内容较多，应根据观点和材料进行组织，恰当地体现出报告的层次性，有次序、有条理地表现主旨。一般包括情况介绍、分析或预测、建议或决策三个方面。

调查报告主体结构可分为纵式、横式和综合式，还可用序码、小标题及序码加小标题等方式来提示内容纲目。如本章例文2就是采用此种方法，提纲挈领，揭示全文主要脉络。

（四）结尾

结尾是全文的收束部分，可以照应开头、重申观点、概括全文、深化主题；也可以强调意义、预示未来。如果主体部分用递进方式安排条理次序，正文内容层层深入，那么结尾可以省略。总之，结尾要求简短有力，按照内容的发展自然地收束全文。

二、调查报告的写作要求

（一）实事求是占有材料

调查前应明确目标，选择好调查对象，编写好调查提纲，尽量找典型的、有意义的材料。调查时要做深入细致的工作，运用多种方式、方法，了解事情的全过程，全面地占有材料，形成正确的结论。没有进行正确、深入、细致的调查研究，没有掌握大量的第一手材料，就不可能写出有质量的调查报告。

（二）分析本质揭示规律

在分析材料时，要对取得的材料进行整理、排队，分清现象与本质、成绩与缺点、真实与虚构，对庞杂的材料进行筛选，不仅要做到材料与观点的统一，还要从中提炼出具有普遍意义的观点，从而指导实践工作。

（三）突出主旨生动形象

在表述时，主旨要突出，材料要能说明主旨，做到详略得当、疏密有致。

调查报告的表述要求生动形象，这样可以增强可读性，但又不能像文学创作那样去描写、抒情，调动种种修辞手法去增强文章的色彩。调查报告语言的生动形象与总结的方法一样，主要靠材料本身和某些细节打动人；或者运用对比材料，进行衬托；也可引用群众的口语。如描写对某金融理论的学习过程，“头遍莫名其妙，二遍有些开窍，三遍摸到门道”，将学习过程生动地表述出来，起到画龙点睛的作用。

调查报告与总结的写作要求相类似，但调查报告代替不了总结，它们之间的区别也是显而易见的。调查报告的选题比总结广泛，任何单位、任何时期、任何调查对象都由作者选择；阅读对象也是广泛的，可以供内部有关人等传阅，也可以刊登在报章杂志上。总结仅限于本单位近期的情况，有特定的阅读对象，多用第一人称，调查报告用第三人称。

第四节　简报概述

一、概念

简报是用简短文字写成的情况报告，以类似期刊的形式在特定的范围内发放。党政机关、企事业单位经常用简报来反映情况、交流经验和传递信息，是一种使用率很高的应用文。简报的名称还有“动态”、“简讯”、“快报”、“内部参考”、“情况交流”等。

简报不用公开发行，它是在机关内部、本系统范围内传递信息的文书。它可以定期印发也可以不定期印发，一期简报可以是一篇也可以有几篇文稿，完全视情况需要来定。

简报和行政公文都属单位和系统内部的文件，都有汇报情况、反映问题的功能。但简报不能代替行政公文向上级机关请示问题，也不能代替行政公文向下级作指示，简报不属于正式公文。

二、种类

简报从不同的角度分类，有不同的名称。按出刊的日期分，有定期的和不定期的；按阅读范围分，有公开的和内部的；按内容分，有情况简报和会议简报。其中情况简报又分综合简报和专题简报两种。

综合简报一般是把一个地方或一个单位在某段时期内的工作加以综合，给读者一个大致的了解。如“××市市政园林建设情况简报”就是综合简报。市政园林建设的整治内容很多，如道路交通不畅的问题、违章建筑的清拆、绿化工作的加强、污水治理等。若就其中的一项工作写简报，就是专题简报。

会议简报是在大型的或者是重要的会议期间，专门用来反映会议进展情况的简报。简报一般是会议开幕式之后出一期，会议期间视会议需要决定出还是不出、出几期，也有在会议结束之后出一期的，如例文3。

三、作用

（一）向上汇报

简报是领导了解下情的一条重要渠道。作者须迅速、及时向上级领导反映日常工作和业务活动的情况，以便于下情上达，为领导制定政策提供情况、依据，也为宣传媒介提供线索。

（二）向下传达

简报也是领导向下传达意图的渠道。可以在简报中提出工作的意见和要求，从而指导工作正常开展。

（三）互通情报

同一机构、同一系统之间互通情报也可使用简报，对工作中的经验、失误、具体做法，同系统内可以互相交流，在交流中得到启发，从而更好地互相学习、加强协作。

第五节　简报的写法及要求

一、简报的写法

（一）简报的结构

简报的写作大致分三个部分，即报头、正文、报尾。报头在第一页上方，约占1/3的位置，标明“××简报”或“××快报”几个大字。“××简报”下面是编号。编号视情况不同方法不一，有一年一编号的，也有一次会议或一次活动独立编号的。接下来，左侧是编发简报单位的全称，右侧是本期印发日期。简报结尾下方是报尾部分，左侧写本期报送的单位名称，右侧写本期印发的份数。正文与报头、报尾之间均用一条横线相隔。

例如：

××简报

第×期

××集团公司编　　　　　　　　××××年×月×日

标　题

正　文

（共印××份）

报送（略）

（二）正文的写法

简报的写法因为其内容的多样而有所不同，但大致由标题、导语、主体、结尾组成。其写法与消息的写法十分相似。

1. 标题

简报的标题往往是一个完整的句子，概括出文章的要点，如"××烟花厂6·30大爆炸情况反映"、"××市信访网络建设项目分民忧解民困的情况简报"。

2. 导语

导语写在简报开头，是引导性的话。主要交代所反映的情况的要点或者会议的有关要素，如时间、地点、人物、事情、结果等。如本章例文3的第一句话交代了学术研讨会举行的时间、地点、主办单位、内容。这种开头方式称为叙述式导语，这是简报导语最常用的开头方式。

导语的方式还有提问式、评论式、描写式等。写导语要求用简明的语言概括事情的最主要内容，最好还能揭示主题，做到开宗明义。

3. 主体

导语之后具体展开事实的部分即为主体。这是简报内容的主干。主体的材料应视简报主题的需要进行选择，做到观点明确、材料充分、详略得当。主体内容的安排因简报内容千差万别，所以没有固定的格式，可以按时间顺序，也可以不按时间顺序。如某会议简报，按会议议程、发言的先后顺序介绍，就是按时间顺序安排材料。也可以不按时间顺序，如例文3主体部分，第一段介绍主办单位背景，第二段介绍对外商务汉语教学特点，第三段介绍出席会议代表情况，第四段介绍会议研讨情况，第五段为对会议的评价，第六段是展望。有些综合简报内容较多，可以用小标题的方式使文章眉目清楚。

4. 结尾

结尾的内容可以总结全文，也可以发出号召、展望未来。简短的简报可以不写结尾，现场情况介绍完了，文章自然结束，不用专门写一个结尾。

二、简报的写作要求

一要准。即选材要准确。机关、企业每天都要发生、处理许多事情，不是事无巨细都写简报，要选择与中心工作密切相关的事情或者是领导正在关心的动态写。简报选材不要“报喜不报忧”，应该有喜报喜、有忧报忧，尤其是向上汇报的简报，问题、错误、教训都要写，只有这样才能使领导掌握全面情况，及时处理有关问题。另外，所写简报是向上汇报的还是向下传达的，抑或是用于交流的，选材时应该心中有数，侧重有所不同。

二要真。即材料真实。简报的写作目的是为了交流工作情况、处理实际问题，如果谎报军情就不利于领导作出正确的判断，也就不利于问题的解决。“真”的含义是内容必须完全真实，有关要素、数字准确无误，哪怕是细节都不能有出入。尽可能获取第一手材料。若是第二手材料，要进行核实，不能道听途说。摘编别人的材料，要原文照录，不能随意改动，且应注明出处。

三要简。简报就是要简，千来字、几百字甚至几十个字均可。简，也要把话说清楚，让人看了对事情有具体全面的了解。要言简意赅，但不能为简而简，简得模模糊糊，雾里看花，让人“丈二和尚摸不着头脑”，这就失去了简报传递信息的作用。

四要快。简报又称为快报，出现情况要及时汇报，先进经验要及时推广，下情要及时上达，都求一个“快”字。如果事情发生了，传媒报道了，人尽皆知了，再来写简报，那是在放马后炮，多此一举。简报简短，有“快”的条件，撰稿人可以边听、边构思、边写作、边审阅、边发稿。如果是会议简报，往往是闭幕式一结束，简报就发到有关人的手中，正所谓“立等有取”、“倚马可待”。

例文 1

读者调查表

非常感谢您对《今周刊》的关心和支持，为了帮助我们不断改进工作，把报纸办得更好，请您如实填写以下问卷，谢谢！

1. 您是通过什么途径获得本期《今周刊》的？

□订阅　　□零售　　□借阅

2. 吸引您阅读本期《今周刊》的原因是什么？

____

3. 您认为本期《今周刊》在以下各方面的表现如何？

	非常好	好	一般	不太好	很差
封　面	□	□	□	□	□
选题角度	□	□	□	□	□
文章质量	□	□	□	□	□
图片质量	□	□	□	□	□
版式风格	□	□	□	□	□

4. 您最喜欢本期《今周刊》的哪几个方面？

①______________________________

②______________________________

③______________________________

④______________________________

5. 您最喜欢本期《今周刊》的哪几篇文章？

①______________________________

②______________________________

③______________________________

④______________________________

6. 您认为《今周刊》在哪些方面尚需改进？

____

____

7. 您对《今周刊》有哪些建议（可另附）？

____

8. 以10分为满分，请您对本期《今周刊》的16个版面分别打分：

1版/封面文章：____分　2版/今周焦点：____分
3版/今周环球：____分　4版/今周科学：____分
5版/今周艺术：____分　6版/今周调查：____分
7版/今周观点：____分　8版/今周人文：____分
9版/今周产经：____分　10版/今周电脑：____分
11版/今周网络：____分　12版/今周创业：____分
13版/今周风采：____分　14版/今周休闲：____分
15版/今周旅游：____分　16版/今周美食：____分

9. 您平时最喜欢阅读的报刊依次是：

①________　②________　③________　④________

读者个人资料

1. 姓名：　　2. 性别：　　3. 年龄：
4. 通信地址：　　邮编：
5. 联系电话：　　6. 身份证号码：
7. 您的学历：□高中或以下　□大专　□大学本科
□硕士或以上
8. 您的单位：□党政机关　□科教文卫　□新闻出版
□国有企业　□外资、合资企业　□私营企业
□个体经营　□其他
9. 您的职业：□机关干部　□企业高层管理人员
□公司职员　□企业中层管理人员　□工人
□专业人员（科研工作者、工程师、会计师、经济师、律师等）
□大学教师　□中小学教师　□记者、编辑
□大学生　□中学生　□其他
10. 您的月收入：□1 000元以下　□1 000至2 000元　□2 000至3 000元
□3 000至4 000元　□4 000至5 000元　□5 000元以上

请您妥善填写此表并将其寄往《科学时报·今周刊》编辑部，地址：北京市海淀区中关村南路乙3号，邮编：100080，电话：62569397。

例文2

问世间情为何物

——对大学生恋爱观的调查

黄素青　陈　秀　伍丽霞

二十岁的花样年华，众多的大学生情侣在人们眼中已是见怪不怪。前不久，笔者对××大学一部分学生进行了一次问卷调查。发现绝大多数的大学生都想甚至很想谈一次恋爱。那么，他们究竟为什么会对爱情如此渴望呢？而当代大学生的爱情观究竟是怎么样的呢？从这次典型的调查中我们不难看出一些存在的趋势和问题。

一、心与爱

相爱是件幸福的事，可发生在大学校园却未必。首先，据问卷调查表明，有35%的家长是不赞成儿女在大学期间拍拖的。所以不少的情侣都感到他们是在“偷情”。其次，在恋爱期间，被调查者中有33%的人也偶尔会担心以后的问题。可见，心理压力绝对是个问题。据不完全统计调查表明，大学恋爱的最终成功率微乎其微，绝大多数都是以分手为结局的，然而在被调查的未恋爱者中，有90%的人是从未谈过恋爱的。今天，冲破了高考这张网、想或很想谈恋爱的人各占50%，他们整天在情感的边缘徘徊。那一颗恋爱着的心或想恋爱的心都可能导致对学业的不尽心，所以爱与不爱都很担心。

二、学与爱

大学期间，学业与爱情是永恒的矛盾。而在调查中我们发现，仅有极少数人认为大学生谈恋爱会对学业造成不良影响。反而有64%在谈恋爱的人认为恋爱有利于学业。不少大学生虽然认为恋爱会花去一定的时间与精力，但对于孤身在外的他们来说却是心灵的一种寄托。他们在恋爱中找到归属感。所以他们会静下心来为前途着想，毕竟人总是有着生存的本能。所以他们说为了心爱的人、为了他们共同的理想及憧憬他们会互勉共进、共同探讨成功之道。这表明大学生恋爱，若是能有足够的动力去把握，并以积极的人生观和价值观去指导的话，也不失为促进学业的一大动力。

三、钱与爱

改革开放的浪潮推动着全国的经济文化不断发展。对外开放泥沙俱下，其中不乏人们物欲的增强。人生永恒的主题“爱情”是否也会因此而

“变质”呢？当代大学生是如何看待金钱在爱情中扮演的角色？调查资料显示，仅有7.7%的大学生觉得需要考虑对方经济条件，而92.3%的大学生觉得爱就是爱，为什么要讲金钱。而在每个月开支中男友（女友）占自己花费的大部分的仅有8%，占一半的有17%，很少部分的50%，没有的占25%。从这份调查结果中不难看出金钱在大部分大学生的爱情中几乎是可以“忽略不计”的，物欲的增长没有对在校学生的爱情造成太大的侵蚀。爱情是一种感觉，尤其在许多大学生的眼里，它至真至纯，不含任何世俗的杂质。

四、性与爱

随着社会日益开放，大学生的性爱问题已是不容回避的大问题了。中国的未婚先孕率直线上升，其中女大学生为数不少，每年都有不少高校因此类问题处分甚至开除学生。这“禁果”真的对大学生们有如此大的吸引力吗？调查中发现，认为大学生发生性关系“很平常”与“绝不可以”的人数持平，各占41.7%。而7%的人表示可以“勉强接受”。六七十年代念大学的前辈们可能会大叹世风日下，然而在各个领域高呼“改革开放”的今天，大学生们的性观念也在迅速开放。二十岁的花样年华，正值血气方刚。“情到浓时”则不能自持，性与爱挂钩，多少也说明了当代大学生的爱情价值观的巨大改变。我们很难说这是利大于弊还是弊大于利。绝大多数大学生认为只要不出“问题”是不必负责任的。而将大学校园里数不胜数的“安全套发放器”与因“作风”问题开除学生的事件比较，不难看出校方的坚决反对和无奈。看来，面对大学生日益开放的性观念引起的众多问题，需全社会齐心协力展开“思想攻势”才能解决。

综上所述，大学生们大都渴望在美好的四年大学生活中轰轰烈烈地谈一场恋爱。尽管部分大学生面临家庭阻力，尽管大学生恋爱的成功率几乎为零，尽管性爱观念有待端正，但大学生谈恋爱不考虑金钱，不影响学业，这些已成为绝大多数大学生恋爱观的一部分。如果大学生能够以端正的态度去对待它，爱而不迷，专而不痴，找一个志同道合的人来谈一场纯纯美美、意味隽永的恋爱又何妨?!

（此文为学生作业，后刊登在校报《暨南大学》2005年10月第330期）

例文3

会议简报

第×期

上海对外服务公司对外教育部编　　××××年×月×日

京沪对外商务汉语教学学术研讨会在上海举行

由北京外国企业服务总公司和上海东浩国际集团上海市对外服务有限公司联合举办的“京沪对外商务汉语教学学术研讨会”于××××年1月19日至23日在上海举行。

北京外企服务总公司培训中心和上海对外服务有限公司国际人才分公司对外教育部，为海外商务人员及其家属提供汉语教学服务已有近二十年的历史，并以其雄厚的师资力量，良好的教学环境，独特的教学方式，实用的教学内容享誉京沪，深受各外国公司及外国企业驻京沪代表机构商务代表和各层次的管理人员的好评和赞誉。

对外商务汉语教学的最大特点是采用一对一的个别教育方式，真正实施因材施教的教学原则。近二十年来，在千差万别的个别教育实践过程中，形成了对外商务汉语教学的独特规律，有必要对此作进一步的总结，将众多的、分散的感性经验，归纳、上升为理论。“京沪对外商务汉语教学学术研讨会”就是为适应教学发展的要求、探索教学规律、提高个别教育质量而召开的。

出席这次会议的有五十多人。除了北京、上海、武汉的外企及对外服务教育部门的领导和教师外，首都经贸大学、北京商学院、华语出版社也派员参加了会议。会议还特别邀请了中国国家对外汉语教学领导小组办公室、中国对外汉语教学学会的领导和专家吕必松、张德鑫、姜明宝以及上海的有关对外汉语教学方面的专家、学者莅临并参加讨论和发表意见。

会议共宣读、讨论了17篇论文，涉及面非常广泛。大家就商务汉语个别教育的教材选用、进度控制、教授方法、操练计划、母语运用、文化导入、智慧技能培养、学习认识规律和学习心理、教育中各种关系的处理、汉外语言比较，乃至对汉语走向世界的展望等都进行了深入的研讨。大家反映这次会议生动、活泼，很有启迪。

参加会议的中国国家汉办、中国对外汉语教学学会的领导和几位专家、学者对大会的发言和讲座给予了一致的肯定和较高的评价，他们认为：商务汉语个别教育的研讨虽属首次，但已经或正在由经验型向理论型转化，起点较高，成为对外汉语教学战线的一个重要的方面，从一个侧面丰富了对外汉语教学的学科建设。

经过京沪外企、对外服务两家单位的协商，决定两年后在北京举行“第二届对外商务汉语教学学术研讨会”。未来两年中，将在国家汉办的指导下，完成“对外商务汉语教学大纲”的拟定；并在此基础上，组织京沪外企教师的力量，着手编写《对外商务汉语教材》。

（共印××份）

报送（略）

（上海对外服务公司对外教育部供稿）

第三章 合同

第一节 合同概述

一、合同的概念

合同是主体平等的自然人、法人、其他组织之间设立、变更、终止民事权利义务关系的协议。按法律出版社出版的《简明经济法词典》的解释："自然人即公民。民法中所指公民，是依法享有民事权利和承担民事义务的人。""法人指具有民事权利能力和行为能力，依法独自享受民事权利和承担民事义务的组织。"合同可以口头或书面形式表述，本章所说合同专指书面形式的合同。

合同，又称"契约"或"券"。人类社会自有了商品交换，就有了合同。我国于1950年颁布了《机关、国营企业、合作社签订合同契约的暂行办法》，1981年颁布了《中华人民共和国经济合同法》，1987年颁布了《中华人民共和国技术合同法》，1999年3月15日第九届全国人民代表大会第二次会议通过了《中华人民共和国合同法》。这为保护制定合同的当事人的合法权益，维护社会经济秩序，促进社会主义现代化建设提供了重要依据。

二、订立合同的原则

1999年颁布的《中华人民共和国合同法》总则第一章第三条至第八条规定了订立合同的原则：

第三条　合同当事人的法律地位平等，一方不得将自己的意志强加给另一方。

第四条　当事人依法享有自愿订立合同的权利，任何单位和个人不得非法干预。

第五条　当事人应当遵循公平原则确定各方的权利和义务。

第六条　当事人行使权利、履行义务应当遵循诚实信用原则。

第七条　当事人订立、履行合同，应当遵守法律、行政法规，尊重社会公德，不得扰乱社会经济秩序，损害社会公共利益。

第八条　依法成立的合同，对当事人具有法律约束力。当事人应当按照约定履行自己的义务，不得擅自变更或者解除合同。

依法成立的合同，受法律保护。

三、制定合同的意义

合同的制定有利于维护社会经济秩序，促使市场经济的健康发展，使合同的各方当事人做到有章可循，有法可依。

对生产单位来说，合同是促使企业加强经济核算，改善经营管理的有效手段。合同一经签订，生产单位要履行合同，就必须按所签合同的需要安排人力、物力、财力，从而提高企业的管理水平。

对制定合同的各方来说，能保障交易安全。因为合同是在平等互利的基础上，靠各方的诚信，以法律承认的形式固定下来的，这样就避免了违法背信行为的产生，保护了各方当事人的合法权益。

四、合同与协议书的异同

协议书是指经过协商、谈判取得一致意见后拟制的应用文书。它的写法、作用与合同基本类似，所以人们往往将它们混为一谈，其实在实际使用时，两者是有区别的。

（1）产生的时间不同。协议书产生在合同之前，在协商尚未完全成熟时，往往先签订协议，待有进一步合作的意向，再签订合同。当然也可以不签订协议而直接签订合同。

（2）内容范围不同。协议书的拟制，除用于生产、购销、建筑工程、运输等经济目的之外，还用于日常生活、科学研究、文化交流等方面，使用范围较广。但协议书的内容又不如合同那么具体、明细，比较笼统。

（3）作用不同。协议书须经公证部门公证之后才能取得法律效力，而合同无须公证，本身即具备法律效力。如果同一宗买卖，既拟了协议书，又签订了合同，而合同条款与协议书条款内容相抵触时，以合同为准。

（4）使用时效不同

协议书的时效长，有的甚至是永久性的，如“收养协议书”在整个收养过程中均有效；合同的时效相对较短，因为合同大多是经济类的，一旦履行完毕，合同随之失效。

第二节　合同的内容和写作

一、合同的内容

《中华人民共和国合同法》第十二条规定，合同的内容由当事人约定，一般包括以下条款：

（一）当事人的名称或者姓名和住所

当事人的名称可以是公司，也可以是商店、学校等，个人签订合同时写明姓名和住所。

（二）标的

标的指合同当事人双方权利和义务共同指向的对象。如货物、劳务、工程项目、劳动成果等。

（三）数量

数量是指标的的计量，是以数字和计量单位来衡量标的的尺度。

（四）质量

质量是标的的质的规定。某些合同中对标的的质量还应规定验收办法和允许误差。

（五）价款或者报酬

价款是指根据合同取得标的物（产品或商品）的一方当事人向另一方当事人支付的代价。报酬，是指根据合同取得劳务（设计、加工、运输等）的一方当事人向另一方支付的酬金。

（六）履行期限、地点和方式

履行期限，指合同履行的时间界限，即合同具有法律效力的期限。地点和方式，指当事人履行所承担义务的地点和方式，这应根据合同的标的或当事人双方的约定而定。

（七）违约责任

违约责任是对不按合同规定履行义务的制裁措施。这是维护合同双方合法权益的保证。

（八）解决争议的方法

解决争议的方法有友好协商和向有关工商局经济合同仲裁委员会申请仲裁等。

以上是《中华人民共和国合同法》第十二条列出的八条主要条款。由于合同的种类太多，有些条款未必合用，有些内容未包含在以上条款中，所以《合同法》第十二条最后规定："当事人可以参照合同的示范文本订立合同。"这样，给订立合同的当事人一个机动的余地、灵活的空间，使合同的条款更符合当事人的实际操作需求。

二、合同的写法

合同的内容一般由标题、正文、署名与日期三部分组成。

（一）标题

标题一般直接点明合同的种类，如"租赁合同"、"技术合同"。有的标题直接写明订立合同的双方单位和合同的项目，如"××物业业主与美居装修公司家庭居室装饰装修工程施工合同"。

标题下方应标明合同编号。

（二）正文

1. 当事人

当事人名称首次出现应写全称，其后用括号注明简称，如甲方（供方、卖方），乙方（需方、买方）。

2. 正文条款

合同的主要条款按前文所述，共有八条，这里不再赘述。

因为合同事项千差万别，所以根据当事人协商之后，还可以另加附则，如在什么特殊情况下不能履行合同的处理办法。还可以在合同中写明"本合同未尽事宜，经双方商定均可补充。补充的条文与本合同具有同等效力"等。附件可注明所附的表格、图纸、实样的名称和件数。

（三）署名与日期

署名即签约单位或个人。署名时应写双方单位的全称，加盖双方单位公章或合同专用章。注明双方的地址、电话、传真、邮编、联系人、开户银行及账号。最后，双方代表人签名，以示慎重、负责。签约日期位于签约单位下方。签订合同的日期应写全年、月、日，不得略去任何一部分。

第三节　合同的种类

合同的种类有很多。因为行业不同、部门有别，不同的行业、部门按照各自业务的需要订立各种不同的合同。另外，一份合同从不同的角度分类，又有不同的名称，如按合同内容分、按合同性质分、按合同有效期分、按结构形式分都有不同的名称。现在按照《中华人民共和国合同法》规定的合同种类及顺序介绍如下：

一、买卖合同

“买卖合同是出卖人转移标的物的所有权于受买人，受买人支付价款的合同。”

买卖合同是社会经济生活中应用最为广泛的合同之一。在订立买卖合同时，当事人各方应事先了解对方有关的各种情况，认为符合要求才能订立。买卖合同的内容，除上节介绍的八条之外，还可以包括包装方式、检验标准和方法、结算方式、合同使用的文字及其效力等条款。

二、供用电、水、气、热力合同

“供用电合同是供电人向用电人供电，用电人支付电费的合同。”

除供电合同之外，还有关于水、气、热力的供用的合同。尽管标的不同，但合同的订立要求基本相同，可以互为参考。

三、赠与合同

“赠与合同是赠与人将自己的财产无偿给予受赠人，受赠人表示接受赠与的合同。”

赠与合同是一种单向行为的合同，即合同生效后，赠与方负有把赠与物交给受赠方的义务，受赠方有领取受赠物的权利。

四、借款合同

“借款合同是借款人向贷款人借款，到期返还借款并支付利息的合同。”

此合同适用于商业银行及其他非银行金融机构向借款人发放贷款和自然人之间进行的民间借贷。自然人之间的借款利率要符合国家有关限制利率的规定，否则其约定的利率不受法律保护。

五、租赁合同

“租赁合同是出租人将租赁物交付承租人使用、收益，承租人支付租金的合同。”

出租人和承租人双方责任的约定必须符合法律规定。

六、融资租赁合同

“融资租赁合同是出租人根据承租人对出卖人、租赁物的选择，向出卖人购买租赁物，提供给承租人使用，承租人支付租金的合同。”

融资租赁合同既融资又融物，既可以使承租人在财力不足时得到所需设备，又可以使出租人充分利用资金开展经营业务，获取利益。

七、承揽合同

“承揽合同是承揽人按照定做人的要求完成工作，交付工作成果，定做人给付报酬的合同。”

“承揽包括加工、定做、修理、复制、测试、检验等工作。”

八、建设工程合同

“建设工程合同是承包人进行工程建设，发包人支付价款的合同。”

“建设工程合同包括工程勘察、设计、施工合同。”

九、运输合同

“运输合同是承运人将旅客或者货物从起运地点运输到约定地点，旅客、托运人或者收货人支付票款或者运输费用的合同。”

运输合同包括客运合同、货运合同、多式联运合同三种。

十、技术合同

“技术合同是当事人就技术开发、转让、咨询或者服务订立的确立相互之间权利和义务的合同。”

技术合同包括技术开发合同（分委托开发合同、合作开发合同）、技术转让合同（分专利权转让合同、专利申请权转让合同、技术秘密转让合同、专利实施许可合同）、技术咨询合同和技术服务合同。例文 2 属于技术开发合同。

十一、保管合同

“保管合同是保管人保管寄存人交付的保管物，并返还该物的合同。”

十二、仓储合同

“仓储合同是保管人储存存货人交付的仓储货物，存货人支付仓储费的合同。”

十三、委托合同

“委托合同是委托人和受托人约定，由受托人处理委托人事务的合同。”

委托合同的标的是处理事务的行为，如代办运输、代管财物、律师代理等。适用范围比较广泛。

十四、行纪合同

“行纪合同是行纪人以自己的名义为委托人从事贸易活动，委托人支付报酬的合同。”

行纪合同与委托合同看似相同，都是为委托人代办事务，但权限是不同的。行纪合同是以自己的名义为委托人从事贸易活动，自由度较大；而委托合同是以委托人的名义，在委托人授权范围内从事活动。

十五、居间合同

“居间合同是居间人向委托人报告订立合同的机会或者提供订立合同的媒介服务，委托人支付报酬的合同。”

居间合同又称为中介合同，居间人就是中介人。

上述十五种合同是根据《合同法》的顺序一一列出的，各种合同定义均引自 1999 年 3 月 21 日颁布的《中华人民共和国合同法》。其实，在日常事务中，人们经常运用到劳务合同。劳务合同是劳动者与用人单位确立劳务关系、明确双方权利和义务的合同。此类合同内容大体有劳务地点、劳务性质、劳务时间、劳务纪律、所获报酬、医疗保险、养老保险、税金交纳、休假、探亲待遇等事项。此外，还有诸如出版合同、旅游组团合同、房屋装修合同等。因为合同的类别太多，《合同法》中不便逐一加以阐述，这里也不一一阐述，总之，制定这些合同，仍要以《合同法》的总则为据。

第四节　订立合同的要求

一、事先准备充分

订立合同首先应该了解国家有关法律、法令、政策、规定，贯彻平等互利、协商一致、等价交换的原则，不得用强迫命令、威胁欺诈等手段签订违反对方意志的合同，否则在法律上是无效的。

其次，在订立合同之前，要对对方有真切的了解，可以通过检阅证件、当面洽谈、现场考察、从旁打听等方法考察对方。明确代表单位出面签订合同的人是否具有法人代表资格或经法人代表授权，确认对方有履行合同的条件和能力方可与之订立合同。另外，签订合同时对己方情况、实力也应一清二楚，使合同订得切合实际需求。

二、条款明确具体

合同条款应该明确具体，因为合同一经签订就具有法律的约束力，因此不能有半点疏漏，稍有差错就要承担经济责任乃至刑事责任。合同中除了主要条款之外，各种不同类型的合同有各项不同的具体内容，订立时不能缺漏。如某鱼塘承包合同中，双方商定每年交承包金 1 000 元，结果漏写“每年”，变成承包 15 年交承包金 1 000 元，官司打了两年，法院以“中止履行合同”了结，承包方少付了两年的承包金。

合同条款越具体，越有利于合同的履行。如一份购销合同要明确产品规格、产品质量、技术标准、包装要求、价款、运输方式、交货日期和地点、何种货币结算等。各种具体事项应做到有“章”可循。

三、用词准确无误

签订合同时，用词造句要准确无误，要“咬文嚼字”，字斟句酌，精心琢磨，要尽量把可能出现的争议、偏差都考虑到，并在条款中加以明确。如一则苹果买卖合同中，标的仅写明“红富士”苹果，并没有对标的物大小、成熟度、外观等要求作出具体的规定，货到后，由于部分苹果带疤、个头大小不一，一场纠纷由此产生。合同应写明“优质红富士，水果重量≥250克，果形端正，果面着色达到 90% 以上，鲜红艳丽，光滑洁净，果皮新鲜无损伤”等要求。

除了用词准确之外，标点符号的运用也应准确。例如，某报曾登载过一篇题为“错用一个标点，损失十万巨款”的报道：买方需要的羊皮是优质羊皮，每张羊皮的规格是一平方尺以上，羊皮上没有剪刀斑的。结果合同中写的是“一平方尺以上、有剪刀斑的不要”。就因为中间错用了一个顿号，卖方所给羊皮是碎碎的，确实没有剪刀斑，但根本不能使用。

所以，合同写作时应丰富标的物内涵，用词、用标点都做到准确无误，否则损失的是金钱和商业信用。

四、文面整洁美观

合同的体例格式规定明确，均由文头、行文、文尾三大部分构成。在书写、印刷格式上，要注意三大部分的书写位置，并且要整洁美观。现今合同一般都用电脑打印，一旦成文不得任意涂改，如有必要修改，需征得对方同意，并在修改处加盖双方印章。如有补充条款，应作为合同附件备案。

例文

技术开发合同书

合同编号：

项目名称：

广东××××协会网站建设项目

委托方（甲方）：广东××××协会

开发方（乙方）：广州××信息技术有限公司

签订地点：广州

签订日期：　　年　　月　　日

有效期限：　　年

依据《中华人民共和国合同法》的规定，合同双方就广东××××协会网站建设项目的技术开发，经协商一致，签订本合同。

本合同根据双方共同协商设计确认的项目应用需求，由委托方（甲方）与开发方（乙方）签订，并经双方协商同意下列条款：

一、下列文件均为本合同不可分割部分

1. “项目需求说明书”；

2. 项目正式签署的文件和实施过程中的响应文档；

3. 开发方提交的项目培训资料和配套文件。

以上文件与合同附件具有同等法律效力，若以上文件与本合同有差异的，以本合同内容为准。

二、标的项目的功能定位和需求

广东省××××协会根据协会既定宗旨和组织职能，规划设计并实施运营广东××××协会网站及相关应用系统，目标是将该网站设计成为我省

××××行业的信息门户。该项目将全面展示我省××××行业风貌，提升行业形象，提供行业信息资讯，行业咨询服务和行业管理应用。项目建成并实施后，将成为我省××××事务的全行业资源集中展示的频道，成为我省××××行业对外咨询服务的窗口，成为我省××××行业信息化应用的综合平台，成为连接我省乃至省外所有关心××××从业人员及各相关方面人士的沟通桥梁。

网站咨询内容和应用系统主要面向以下四类访客提供行业服务，包括：××××事务所、××代理人、××企业、其他相关从业人员。

网站将吸纳我省各地××××事务所、××代理人及相关企业成为会员，资讯和应用模式主要包括：协会—事务所、协会—代理人、协会—申请企业；注册用户身份分为：申请人、代理人、事务所、专家。

网站规划栏目有：（表格略）

网站的主要应用功能包括：（表格略）

网站应用系统应具有先进、实用、安全、可靠、可扩展以及界面美观，便于操作应用的特点。

网站系统为后期工程预留接口，并为后期工程的顺利开展作技术准备，包括在软件系统设计、数据库设计方面应具有灵活性，方便以后能够扩充新的功能或系统。

系统设计要做到：代码标准化、模块标准化、文档标准化、测试标准化以及信息标准化。

全部提交物包括：光盘一套，操作说明和技术资料文件3套。

培训：

乙方为甲方在甲方指定地点提供必要的培训服务，包括：

系统开发期间，乙方为甲方培训系统维护人员，使甲方的技术人员能够自己维护和扩展系统的功能。乙方提供必要的师资、教材、实践环境和场地。

售后服务承诺：

系统开发完毕交付使用后，试运行期为半个月，在系统试运行期内，乙方将对甲方的系统管理员进行管理和操作培训，确保系统用户能够正确熟练地使用系统，培训内容为乙方开发的系统相关应用和管理知识。确保系统用户能够正确熟练地使用本系统。

如试运行期系统运行功能达到正常预定需求，则双方在试运行期后5个工作日内完成系统完毕评价，项目进入售后服务期，乙方应为甲方提供一年的免费售后服务，为甲方作技术支持，保证甲方顺利运行系统。

在试运行期内，对于电话方式无法解决的技术问题，乙方须在当日之内派员到现场解决。

三、义务和责任

（一）甲方的权利与义务

1. 甲方业务人员和理事会共同配合乙方完成本系统的业务需求分析，经协会理事会签字确认项目需求后，交付乙方开发，之后如有项目需求变更需与乙方协商，征得乙方同意后出据“需求变更通知”。

2. 甲方负责系统维护期间的主要应用工作，并有权要求乙方提供本系统的技术资料等。

3. 甲方有权在系统开发过程中对乙方的开发工作进行监督。若乙方向第三方提供技术资料须先经甲方确认。

4. 甲方应按期按质向乙方提供与系统开发相关的业务及技术资料，如因甲方原因导致开发工作延迟或停顿的，由甲方承担责任。

（二）乙方的权利和义务

1. 乙方应投入合格的、充足的技术开发人员进行系统开发，提供所承担开发任务的全部软硬件环境，包括开发工具、开发场地等。

2. 乙方负责与甲方协商后提交“需求分析说明书”。乙方应按期按质地进行开发工作，如因乙方原因导致开发工作延迟或停顿的，由乙方承担责任。

3. 乙方应按本合同的规定向甲方公开本系统有关技术细节，提供必要的技术资料，并向甲方应用人员提供培训和技术支持，而且应保证受训人员理解并掌握操作、管理和维护本系统。

4. 乙方所提供的一切资料应通过合法途径获得，任何第三方不得对该资料主张权利，否则，乙方应承担相应的责任，并承担由此给甲方造成的一切损失。

5. 乙方在系统开发期间应及时向甲方通报开发进度。

6. 系统完毕评价后，乙方为甲方提供一年的免费售后服务，为甲方作技术支持，保证甲方顺利运行系统。免费服务期后，如需提供服务，须另签服务合同。

四、应达到的技术指标和参数

1. 技术目标：（略）

2. 技术内容：（略）

3. 技术选型：（表格略）

五、开发进度安排（表格略）

六、合同金额及其支付结算方式

本项目的总投资（即总费用）包括了项目开发经费培训、一年服务期系统维护费等全部费用，共计________元人民币（________人民币整）。

费用明细：（表格略）

结算方式：

1. 合同签订5个工作日内，甲方向乙方支付合同总额的30%；

2. 系统开发完毕后，试运行期为半个月，如试运行期系统运行正常，则双方在试运行期后5个工作日内组织项目验收完毕，验收通过，甲方向乙方支付合同总额的60%；

3. 一年免费保修期后，如无问题，5个工作日内，甲方向乙方支付合同总额的10%；

乙方开户银行名称、地址和账号为：

账户名：

开户银行：

地址：

账号：

合同期内，无论任何原因乙方开户银行名称、地址或账号发生变更，乙方应及时书面告知甲方，否则由此造成的支付延误，甲方不承担任何责任。

七、版权和相关物归属

1. 乙方在本系统所有应用程序开发完毕投入使用后，经正式验收通过，相应款项结算完毕后，软件版权即归甲方所有；

2. 乙方在研究开发过程中，与本项目相关，但是利用本公司研究开发经费购置的设备、器材、资料的财产权属于乙方。

八、履行期限、地点和方式

履行期限：从合同签订之日起到按照合同约定的保修期。

履行地点：在甲方指定地点履行。

履行方式：需求调研、需求分析、系统安装和调试、系统试运行等阶段必须到甲方现场开展；用户培训在甲方指定地点开展。

九、技术情报和资料保密（略）

十、技术协作和技术指导的内容（略）

十一、风险责任的承担（略）

十二、技术成果的归属（略）

十三、验收标准和方式（略）

十四、付款与索赔（略）

十五、争议的解决办法

1. 合同履行过程中如一方提议对合同做修改或补充，必须在所需要改的内容生效10日以前提出，经得另一方同意并鉴定、补充合同书后进行。

2. 合同执行过程中双方如有争议，应友好协商解决，协商不成，双方同意提交广州市仲裁委员会仲裁或向广州人民法院提出诉讼（两者任选其一）。

十六、其他（略）

委托方（甲方）：广东××××协会

（盖章）

所在地：

法定代表人：

委托代理人：（签名）

通信地址：邮编：

开户行：

账号：

电话：传真：

年　月　日

开发方（乙方）：广州××信息技术有限公司

（盖章）

所在地：

法定代表人：

委托代理人：（签名）

通信地址：邮编：

开户行：

账号：

电话：传真：

年　月　日

第四章　讲话稿

第一节　讲话稿概述

一、概念

讲话稿又称发言稿，它是在各种类型会议上讲话时使用的文稿。

讲话稿的作者，通常是准备发言的个人。中共中央曾经发过一个指示，要求各级领导干部亲自动手起草重要文件，“重要文件”中就包括了讲话稿。如果讲话者代表的是机关、组织、企业单位，内容涉及面较广，“领导干部”无法大包大揽，这类讲话稿则由集体讨论，专人起草。有些还要组织专门的写作班子，共同讨论、分头执笔、专人汇总、领导把关，然后才能用来“发表”。

二、特点

（一）务实性

讲话稿往往以解决实际问题、推动工作为写作目的，所以讲求务实，以便在会议上探讨某个问题，集思广益。与会者发表意见，提出各自的看法，然后经过讨论，最终达成共识，从而达到统一步调、实现指导行动的目的。

务实性还体现在要看人说话，考虑听众的接受能力。对文化水平不高的人，讲话要深入浅出，通俗明白；对文化水平较高的人，可以引经据典、含蓄幽默；对专业技术人士，可以引用专业名词术语；对外国朋友，讲话时要尊重其文化背景。总之，讲话要看对象，要因人而异，有的放矢。

（二）口语化

讲话稿是讲话者在特定场合，以口头宣讲方式面对听众直接发表的文稿。在讲话过程中，讲话者与听众进行直接的交流，产生直接的宣传效果，不像阅读，可以边读边思考，可以反复咀嚼、消化。因此，讲话稿的写作要求口语化，不要用文言文，书面语也尽量少用，用词要通俗易懂，不用生僻的词，要用短句子。讲话者上口，听话者入耳，才能达到较好的表达效果。

三、种类

讲话稿的种类较多，使用形式不同，分类也不一样。按传播媒介的种类划分，有现场讲话、广播讲话、电视讲话。现场讲话是面对面的交流。广播讲话、电视讲话不能作面对面的交流，一般适用于需要广泛宣传的讲话内容。按讲话场合的不同划分，有各类致词、报告、讲话、发言。

各类致词有开幕词、闭幕词、欢迎词、祝酒词、答谢词等。这类致词内容较简短、措辞较庄重，是有关方面负责人在一些隆重会议或仪式上所作的简短讲话。报告、讲话是由担任一定领导职务的人所作。作报告时，语句较庄重、较书面化，如政府工作报告、领导述职报告。讲话的语句比较随和，书面语较多，但不如报告那么庄重。发言是各种大、小型会议上的讲话，可以是领导人参加座谈时所讲的话，也可以是无任何领导职务的人所作。比如，对在校大学生经商问题的讨论，人人都可以在会上发表见解、畅所欲言，此类发言口语多，无须言辞庄重。

四、作用

（一）增强讲话信心

俗话说：不打无准备之仗。讲话稿是讲话者发表讲话的依据，事先拟好讲话稿，就可以消除讲话者心理上的顾虑和紧张情绪，增强讲话者的信心，不会因为没有准备或准备不充分而临阵乱了方寸。

（二）提高表达能力

讲话者拟稿的过程本身就包含着深思熟虑，他必须对讲话稿主题的提炼、材料的取舍、结构的安排、语言的运用等进行一番思考，待到写成定稿，脑子里已经记得差不多了，讲话时看一眼提纲，即可有条不紊地一一道来，有时还可以临场发挥、出口成章。这个由想到写、由写到说的过程是提高表达能力的过程。

（三）恰当掌握时间

讲话时间是有限制的，如果不写讲话稿，往往掌握不准时间，有的一开口就漫无边际，东拉西扯，不得要领；有的不敢发挥，前紧后松，画蛇添足或者前松后紧，草草收尾，不能充分、合理安排时间。有了讲话稿，可以根据时间要求调整，长了可以压缩，不横生枝节；短了可以再往深处挖掘或者再举一些生动的事例，这样可以按规定时间讲完所要讲的内容。

（四）保证讲话效果

讲话的目的是为了让别人明白、认可，讲话时需要有号召力或感染力。

有了讲话稿，能顺利将讲话者的思想、观点、情感传达给听众，好的讲话内容能使听众产生共鸣，心悦诚服地接受讲话者的观点，使讲话达到预期的效果，起到教育、鼓舞的作用。好的讲话内容能让人听着不厌，回味再三。

第二节　讲话稿的一般写法

讲话稿一般由标题、称谓和正文三部分组成。

一、标题

讲话稿的标题虽有多种写法，但从形式上看，不外乎两种。

一是单行标题。最常见的有“×××工作报告”。此外，有的标明在某某会议上的讲话，如“在抗洪救灾表彰大会上的讲话”；有的标明某会议的致词，如“在北京国际儒学联合会成立仪式上的致词”；还有一种单行标题起揭示主题的作用。

二是双行标题。正题写明讲话中心或报告类型，副题写明讲话场合，如“愿共建之花更绚丽——在军民联欢会上的讲话”、“要当21世纪的企业界‘冠军’——在招聘录取人员培训班上的讲话”。

二、称谓

称谓是讲话者对听众的称呼，讲话者要视不同的对象、不同的场合，选用不同的称呼，要得体。讲话前要有称谓，讲话中间还应适当运用称谓，起提示听众的作用，有时也标志着讲话进入另一个层次。

三、正文

正文由开场白、主体、结束语三部分组成。

开场白的内容多种多样，可以提出问题、概述要点、说明动机、表明态度等。无论用什么方法开头，都应该紧扣主题，用精练生动的语言吸引听众，自然地引出下文。不要兜圈子，讲一些不必要的客套话。

主体是讲话的核心部分。主体的主要任务是阐述问题、分析问题、解决问题。内容简短的讲话稿，视具体情况确定主体内容。

主体的写作应该力求言之有理、言之有物、言之有序、言之有文。言之有理，要求讲话有明确的中心；言之有物，要求讲话有丰富的内容；言之有序，要求讲话有条理，逻辑性强；言之有文，即有文采，讲究语言艺术，增强讲话的说服力和吸引力。在写作讲话稿时，通过引经据典，旁征博引，将一些名言警句或典故、谚语等引用到讲话中，往往会产生事半功倍之效。如国家主席胡锦涛2005年8月“在新时期保持共产党员先进性专题报告会上的讲话”中说：“历览前贤国与家，成由勤俭败由奢。”此句出于唐代诗人李商隐的《咏史》一诗。这是人们公认的对历朝历代灭亡原因的总结，具有高度的正确性和普遍意义。引用这一诗句，要比枯燥乏味的说教有力得多。

结束语是讲话的收束。结束语的任务可以总结讲话内容，加深听众印象；可以发出号召，提出今后的任务、要求，如例文2；也可以抒情、祝愿，寄托讲话人美好的愿望，如例文1。致词一般用此方法结尾。写结束语力戒陈言俗套，画蛇添足。

第三节 几种常用讲话稿的写作

因为讲话的内容不同、场合各异，所以讲话稿的种类有别。它们的一般写法上节已经讲过，现将几种常用讲话稿的写法具体介绍如下：

一、祝贺词与悼词的写作

（一）祝贺词的写作

祝贺词是祝词与贺词的统称，它是在庆贺活动中，对事情表示祝贺的文章。祝词与祝贺的内容都是令人高兴、振奋的事，作用都是沟通双方情感，密切双方关系，从而增进友谊。但它们之间也有区别，祝词一般是在事情尚未成功时表示祝愿，希望能取得完美的结果；贺词一般是在事情已经有了结果之后，表示庆贺、道喜的意思。

祝贺词的结构一般包括标题、称谓、正文、结尾四个部分。标题通常由被祝贺对象、缘由、文种三个部分组成，如“致××大学建校五十周年的贺信”、“××致××赴德国留学的祝词”，又如例文1。

称谓是被祝贺人或单位。称谓要热情、得体，有时可以加上表示亲切、尊敬的词语，如“尊敬的教练员同志们”。

正文是祝贺词的主体部分，大体可写以下的内容：一是祝贺者在什么情况下、由什么原因向祝贺对象表示祝贺的；二是说明背景，回顾过去，概括成就，指出取得成绩的原因、意义，使对方感到欣慰；三是展望未来，发出良好的希望和祝愿。

正文的结尾往往另起一行，写上祝愿的句子。

祝贺词是在喜庆的氛围中宣讲的，所以不宜写长，执笔者要熟悉被祝贺对象的情况、出席者的情况及周围环境的情况，才能写出热情得体的祝贺词。

（二）悼词的写作

悼词是指在追悼会上，介绍死者生平，对其表示敬意与哀思的文章。一般由死者单位的领导或有一定身份的人宣讲。

悼词也包括标题、称谓、正文、结尾四个部分。仅供宣讲的标题，只用“悼词”二字即可。如要在报刊上发表，则用“在×××同志追悼会上的悼词”，标题下注明日期。称谓按到会者身份称呼，级别自高到低排列。

悼词正文的内容主要是：对死者生平作简要介绍，表彰其所做的好事或贡献，对死者进行评价，如贡献、影响及社会作用等，对死者表示哀悼，对家属进行慰问。结尾常用“××千古”、“×××永垂不朽”等。

如果标题下方未注明致悼词的单位或个人，结尾之后应该注明。

写作悼词要尽可能全面掌握死者的生平事迹，多从长处、优点着眼，用词要朴实、明确、简洁，评价要实事求是、恰如其分，还要兼顾死者亲属的感情，抒哀思之情要真挚、质朴，给人以慰藉。

二、欢迎词、欢送词与答谢词的写作

欢迎词是在欢迎仪式上主人发表的讲话。欢送词是为客人结束来访而举行的欢送仪式上的讲话。答谢词是客人为主人提供了盛情款待、方便、帮助后，在相应宴会等场合上表示谢意的讲话。

欢迎词、欢送词、答谢词结构与祝贺词相同。

标题可以点明致词的时间、地点、内容，如“在欢迎××先生来京访问宴会上的欢迎词”、“在欢送××届毕业生毕业典礼上的讲话”。有的可用双行标题，正题点明背景或主题，副题点明时间、地点等要素，如“春茶飘香迎嘉宾——在××县××年春季名茶品饮会上的致词”。

称谓视来宾情况而定，总之，应该礼貌谦和，准确得体。

欢迎词主体内容可以适当宣传自己，赞美友情，评价来访，表达出主人热情好客的感情和谦虚友爱的态度。

欢送词主体内容可以对本次相聚进行评价，谈论收获，表达主人依依不舍之情。

答谢词重在表达感激之情，既不能言过其实，也不能言不由衷。答谢词的写法灵活多样，可严肃庄重，也可轻松活泼，应视内容、场合、人员背景而定。

结尾是讲话单位代表或个人称谓。如果文章开头已经点明，此处可以省略。

三、开幕词和闭幕词的写作

开幕词是隆重的大型会议或比赛开始时，大会主持人或主要负责人所作的讲话。闭幕词是会议、比赛结束时，大会主持人或主要负责人的致词。

开幕词与闭幕词的结构与上述几种文种相同。

开幕词正文的主要内容包括：宣布某某会议或比赛开幕；说明会议的背景意义、议程任务或比赛的目的和项目；介绍会议或比赛的组织情况及参加人员，提出希望与要求。

闭幕词正文的主要内容为：总结会议、比赛情况；说明会议及比赛取得的成绩；提出贯彻会议或比赛精神的办法；向有关方面致谢，宣布会议、比赛闭幕。

例文1

北京市市长刘淇在第29届奥林匹克运动会开幕式上的致词

（2008年8月8日）

尊敬的胡锦涛主席和夫人，尊敬的罗格主席和夫人，尊敬的各位来宾，女士们，先生们，朋友们：

今天，来自奥林匹亚的圣火，跨越五大洲、四大洋，将在这里熊熊燃起。在这激动人心的历史时刻，我谨代表第29届奥林匹克运动会组织委员会，向来自世界各国家、地区的运动员、教练员和来宾表示热烈的欢迎！向国际奥林匹克委员会、各国际单项体育组织，向参与奥运会筹办的建设者和工作者，向所有关心、支持北京奥运会的朋友们表示衷心的感谢！

举办奥运会是中华儿女的百年梦想。七年前，十三亿中国人民与奥运有了一个美好的约定。从那时起，在国际奥委会的指导帮助下，中国政府和人民满怀激情，以最大的努力实践绿色奥运、科技奥运、人文奥运理念，认真做好筹备工作，兑现向国际社会作出的郑重承诺，使奥林匹克精神在中华大地得到了更广泛的传播。

在我国四川发生特大地震灾害后，国际社会和国际奥委会的支持与援助使中国人民感到温暖，也使我们增强了重建美好家园、办好北京奥运会的信心。

奥林匹克运动的魅力在于她的巨大包容力。今天，全世界204个国家、地区，不同民族、不同宗教信仰的人们相聚在五环旗下，增进了解，加深友谊，共同奏响“同一个世界，同一个梦想”的乐章。

奥林匹克精神的真谛在于追求以人为本，实现人的自我超越和自我完善。每一位运动员，都将在公平竞争的环境中，展现精湛技艺，迸发参与激情，创造心中向往的辉煌。

北京奥运会的重要使命在于促进世界各国文化的交流。我们真诚地希望，中华民族悠久的历史文化、充满生机活力的城市和农村、热情好客的人民，能给朋友们留下美好的记忆。

朋友们——“北京欢迎您！”——Welcome to Beijing！——Bienvenue à Beijing！

现在，我非常荣幸地邀请国际奥委会主席罗格先生致词。

例文2

香港特别行政区行政长官曾荫权在特区政府筹备北京2008奥运会及残奥会马术比赛汇报会上的致词

(2008年7月6日)

尊敬的习副主席、各位中央领导、北京奥组委的领导：

下午好！

奥运的筹办工作已经到了冲刺阶段。在这关键时刻，各位领导亲临香港，为我们打气、指导工作，是对我们的厚爱和支持。我代表香港特别行政区政府向各位表示衷心感谢和热烈欢迎。

奥运会是全球盛事，国家可以向世界全方位展示发展的成就。而香港能够成为北京奥运的协办城市，不但圆了七百多万香港市民的心愿，也同时向世界展示“一国两制”的成功落实，对香港有重大意义。

香港能够成为祖国国土上圣火传递的第一站，我们感到无尚光荣。今年5月2日，奥运圣火在香港顺利传递。奥运圣火燃起了香港人的民族自豪感，大大提升了港人的爱国热忱，把香港人与国家的联系，提升到一个高的层次。特区政府会延续火炬接力的成功经验，发动社会各界力量，把马术赛事办得更好，不负国家所托。

举办奥运是中华民族的百年梦想，这次盛事将会成为我们推广国民教育的重要契机。全民参与，是北京奥运会的特色。我们已经制订全面的计划，建立广阔的网路，动员全港市民，尤其是青少年，积极参与支持北京奥运。另外，我们也会通过推广“团结、公正、友好”的奥运精神，以及“超越、融合、平等”的残奥精神，建构和谐社会。

2005年，奥运马术项目落实由香港协办，我们成立了奥马委，建立了周全的组织架构，在各层面提供全面支援。奥马委负责筹组马术项目、定立政策，以及与北京奥组委商讨筹备工作，汇报进度。我是奥马委的赞助人，而政务司司长唐英年先生是主席，负责督导工作。本届奥运马术项目将会有来自40多个国家的参赛队伍以及约200匹马参与；残奥马术项目则有约30个国家的参赛队伍以及约80匹马参与。为此，香港特区政府全面动员了40多个政策局和部门参与筹办马术比赛，并会举行90多次部门内部及跨部门演习，务求各项运作畅顺。

筹备马术比赛，也得到社会积极参与和广泛支持。为了凝聚社会力量，2008北京奥运马术比赛香港基金于2006年年底成立，筹募捐款，赞助马术项目，现在目标已经超额完成。

奥运临近，我们将会加大力度，举办一系列全港性的推广庆祝活动，希望在全城营造浓厚的奥运气氛。此外，我们在香港和海外展开了连串的大型宣传活动，吸引市民和游客参与，并鼓励市民发挥好客之道，令访港的嘉宾和旅客都宾至如归。

为达到“两个奥运、同样精彩”的目标，残奥也交由奥运马术的工作团队负责。我们会确保主要的交通和配套设施准备就绪。国际残奥会主席菲利普·克雷文爵士去年10月访问香港，巡视了沙田主场地，他盛赞马术项目的场地设施安排妥善。

我们会通过广泛宣传，让残奥理念更加深入人心，营造良好氛围，推动市民支持残奥，建立关爱共融文化。

习副主席，各位领导，今天距离北京奥运会开幕仅有33天，希望各位继续支持指导我们的工作。我们一定会与北京和各协办城市同心合力，为实现成功举办奥运和残奥的共同目标，付出最大的努力，创造最好的成绩。谢谢大家。

第五章　商品说明书

第一节　商品说明书概述

一、商品说明书的概念和作用

商品说明书是商品生产者写给消费者的一种就产品性能规格、安装步骤、使用方法、保养维修等事项进行说明的应用文书。商品说明书伴随着商品，广泛进入生产、科研、贸易、生活各个领域。商品是现代人生活中不可或缺的部分。因此，拟好商品说明书是至关重要的。

商品说明书是连接生产者和消费者的纽带，是消费者的商品使用指南。生产者除了可以用广告远距离地宣传自己的产品之外，还可以用商品说明书近距离、面对面地介绍商品，扩大销路。商品说明书在商品流通领域担任着宣传、促销的角色。它是社会再生产过程中从生产到交换、分配、消费四个环节中，完成交换和消费这两个环节的重要手段，也是社会生产发展的重要标志。另外，消费者通过商品说明书，了解产品的性能，掌握产品的使用方法，从而正确有效地使用、维护和修理产品。商品说明书起着指导消费的作用。因此，生产者在提高产品质量的同时，也要重视商品说明书的写作。这样，才可以在消费者心目中树立良好的商业信誉，促进商品的销售。

二、商品说明书的特点

商品说明书的特点是说明性、科学性、实用性和多样性。

（1）说明性。商品说明书以说明为主要表达方式，内容就是说明商品、介绍商品，沟通生产者与消费者的关系，所以，说明商品是商品说明书的主要功能和目的。

（2）科学性。商品说明书必须如实、客观、准确地反映产品的实际情况，撰写时不能掺杂个人的好恶，不能夸大其词，对有关知识、原理的介绍要严谨和科学。这关系到生产商和销售商的信誉，关系到消费者的权益，甚至关系到国家的利益。另外，除了介绍商品的优点、长处之外，还应该说清楚使用商品的注意事项或可能产生的问题，指导消费者正确使用。

（3）实用性。商品说明书是生产者向消费者介绍产品特点、性能、用途、使用维修方法的说明文书，消费者将对照说明书学会使用并维修产品，所以要介绍清楚，给人以知，教人以用。

（4）多样性。因为商品本身是多样的，而消费者也是众多的，这就决定了说明书的写作形式的多样性。可以用条文式说明，也可以用散文式说明，还可以配以图片、表格等作具体形象的说明，让消费者准确掌握，不会因使用不当而造成损失。

一篇好的商品说明书能将商品自身的特点凸显出来，吸引消费者，使消费者阅读后产生强烈的购买欲望，从而增强产品在市场上的竞争力。

三、商品说明书的种类

商品说明书的种类大致有说明型、梗概型、描述型和析疑型。其中说明型用得最多，因为说明书的写作目的就是让大家“明白”，便于使用、操作。如例文 1，阅读后让消费者知道活性钙的成分、应用范围、用法与用量、注意事项、规格以及贮藏的知识。另外三类说明书总的目的也是为了“说明”，但方式有变化。常见、常用、操作简单的商品，无须细说，就用梗概型。有特殊功能的商品，为了突出与其他同类商品的不同之处，可用描述型说明书吸引消费者。新型产品，消费者知之甚少，或者一无所知，可用析疑型说明书。如例文 2，不仅介绍了胎盘化妆品是什么，而且介绍了胎盘化妆品为什么有明显的抗皮肤衰老的功效，讲解原理、答疑解惑。

第二节　商品说明书的说明方法

商品说明书的说明方法，常用的有如下九种。

一、定义说明

定义说明是指用简明的语言对商品的本质特征，或对商品概念的内涵和外延作出确切的说明。一个完整的定义经常是一个判断，它由被定义的商品＋是＋定义商品组成。如谷维素药片说明书一开头就对谷维素下了定义。下定义时要求用语高度概括而且准确，具有科学性，不能用否定形式，不能用比喻句。

二、解释说明

解释说明是指对商品或概念进行较详细的讲解注释。定义一般比较概括，只能简单说明商品最本质的东西。要全面、深入说明商品，常要辅之以其他说明方法，常用的有解释说明。如："铀，是白色的金属，质地软，放在空气中会逐渐失去光泽。铀比重较大，比重跟金子差不多。纯铀具有很好的延展性。"这段话从颜色、硬度、比重、特征等方面对"铀"作了解说，揭示了铀某部分的特征。解释说明可以是一句话，也可以是几句话，目的是让消费者对商品有较为具体的了解。

解释说明常用"某某是什么"的句式，与定义说明有相同之处，但被解释的对象不像定义说明那样需完整地揭示出概念的全部内涵。

三、分类说明

分类说明是指将商品按各种标准分成若干类别进行说明。如将被说明商品按性质、形状、用途分成若干类，然后逐一加以说明。运用分类说明，要根据需要选择恰当的分类角度，分类只能依照一个标准，类与类不能彼此交叉重复，各类事项的总和要等于被分类的事物的母项。

四、分解说明

分解说明是指把一个完整的商品剖析成若干个部分，或者把一个完整的过程分成若干个阶段来加以说明、介绍。前者也叫分析说明，如某些商品说明书用此法对某件商品分部位解说它们的构造、性能和功用。后者也叫程序说明，如对某项产品制作时的工艺流程加以解说就要用此法。运用分解说明要特别注意说明顺序的安排，或按空间顺序，或按时间顺序，或按部位顺序等。

五、比较说明

比较说明是指用比较方法说明商品的特征。比较是人们认识客观事物的基本方法，事物一经比较就可显示其特征、个性。如例文2，将羊胎盘水解液与人胎盘组织液的某些成分进行比较，得出"××成分是人胎盘组织液的20倍以上"的结论。比较有两种方法，即横比与纵比。横比是此事物与彼事物作比，纵比是拿一种事物的前后情况作比。运用比较法应注意用来比较的事物与要说明的事物确有可比之处，有明确的相比点，尽量用人们熟悉的事物来作比，比较时，对被比的商品不宜指名道姓。

六、举例说明

举例说明是指举出事例来说明商品。这样可以把比较抽象、复杂的事物说得具体明确。有一篇介绍大蒜的说明文，当介绍大蒜可以防病时，列举了古埃及和第二次世界大战时英国的部队用大蒜给士兵防病、治病的典型事例。这一事例，使说明更为浅显。当今一些商品说明书中，时有一些人现身说法，证明商品的性能、功效，也属举例说明。运用举例说明注意所举事例要典型，读后才能给人留下深刻印象。另外，举例要简明扼要，只需概括介绍，不必具体铺叙。

七、引用说明

引用说明是指引用有关资料来说明商品。被引用的往往是历史资料、名人名言、成语、典故、诗词等。这是一种辅助的说明方法。如一篇介绍黄山旅游景点“九龙瀑”的说明书中写道：“古代诗人赞曰：‘飞泉不让匡庐瀑，峭壁撑天挂九龙。’”说明了九龙瀑的壮观景象。以引用的方法说明事物，要有针对性，要能恰到好处地加以说明。所引用的资料要真实，必要时作些解释，以免别人看不懂。

八、数字说明

数字说明是指运用数字准确描述商品属性。商品说明书经常运用数字来进行说明，从而确切地反映商品的内在成分、外在形态，表明商品的本质和特征，便于消费者更具体地了解商品。运用数字说明，数字必须反复核实，力求准确无误，恰当地反映客观实际。

九、图表说明

图表说明是指借助图表、相片和表格来说明商品。图表说明是一种辅助的说明方法，当要说明的数字较多时，就可以用某种形式制成图表，便于对照阅读。图表说明需要与文字说明、数字说明配合使用。电视机、电冰箱等家用电器的使用说明书往往都附有图表或插图，便于读者操作。用 Office、WPS 等办公软件作表格和图片，快捷方便。运用图表对商品进行解说，可以收到直观、形象、清晰的效果。

第三节　商品说明书的结构

一、结构内容

商品说明书的结构大都由标题、正文和落款三部分组成。

（一）标题

标题大致有三种形式。一种只写商品名称，如例文1。有的由商品名称+文种名称组成，如“珍珠明目滴眼液使用说明书”。有的在商品名称前面加修饰性、限制性词语，如“茶中奇秀南岩铁观音”，如例文2。

（二）正文

商品的种类不同，需要说明的内容也不同，大致说来包括以下几个方面：

（1）商品概况，如产地、规格、成分等；

（2）商品的发展史及制作方法、原理；

（3）商品的性质、性能、特征、特点；

（4）商品的用途及使用方法、步骤；

（5）排除一般故障和具体维修方法；

（6）使用注意事项。

（三）落款

写上生产单位或销售点名称，有的还写上咨询电话、联络处地址、电传等，以便联系。

以上仅是商品说明书的一般格式。商品说明书种类繁多，有的要说明使用、有的要说明安装，在写作时切不可生搬硬套，在遵循让消费者“明白”的原则上可以有所创新。

商品说明书内容简单的，可印在外包装上；稍复杂些的，盒内另有专页介绍；内容更为复杂的，可以印成小册子。如华凌空调的说明书，分成两本小册子，一本是“用户服务指南”，一本是“使用说明书”。

二、结构方式

安排商品说明书结构的原则有二：

（1）符合购买者认识、使用商品的合理顺序。商品说明书应从挑选、购买到使用、保养、维修，按照消费者认识商品的顺序安排结构。如例文1，先让读者了解活性钙的“成分、作用与用途”，确认可以服用之后，接下来看“用法与用量”、“注意事项”，使消费者做到心中有数。此外，附带告诉消费者“贮藏”知识。

（2）符合被说明商品本身固有的条理。有些商品有时包括许多部分，在介绍商品时，或从上到下，或从外到内，或从局部到整体，或从整体到局部，使商品一一展示在消费者面前。例如，某旅行社的“黄山旅游指南”，在介绍黄山旅游路线时，先是总的导游图和前言，使消费者对黄山有一个整体印象，然后分 8 个旅游景点作局部介绍：玉屏楼景区、温泉景区、云谷寺景区、北海景区、白云溪景区、松谷庵景区、东海景区、黄山外围景观。通过这样的结构安排，将黄山的全貌展示给消费者。

第四节　商品说明书的写作要求

一、要写出商品的独到之处

商品的优劣关系着广大消费者的切身利益，也关系着生产者、商家的商业信誉和经济效益。在写作商品说明书之前，一定要把握被介绍商品的全貌，孰优孰劣，心中有数，写作时不至于以偏概全，扬其一点，不及其余。另外，要找出此商品与彼商品的不同之处、独到之处。这实际上就是在确立说明的中心，中心确立了，就说得准、深、透，使消费者能在琳琅满目的商品中选出适合自己需要的商品。如“宜兴紫砂茶壶”的说明书，主要写了“紫砂茶壶”之所以名贵的原因是有“七绝”，而这是其他质地的茶壶无法企及的，也是紫砂茶壶绵延千载，享誉中外的魅力所在。

二、要以让人“明白”为宗旨

商品说明书的读者有两大类。一是专业工作者。例如机器、仪表的说明书，是供工程技术人员安装和使用时阅读的，专业性强，用一些专业术语也无妨。二是普通消费者。这个读者群非常广泛，要让不同文化程度的消费者都能理解，必须用语准确、清晰、平实。准确，即用词要确切，数字要精确，特别是药品和精密仪器之类，更应注意。清晰，即简洁明晰。写作时用词简洁，没有多余的字句，增一句则太多，减一句则不明。平实，即平易朴实。撰写说明书时，少用文学性的修辞手法和晦涩难懂、文白掺杂的词语，尽量使用明白如话的日常用语，以便于消费者理解。

三、要有认真负责的科学态度

商品说明书不仅要写出商品的独到之处、操作方法，还应该将产品的不足以及因操作不当可能产生的问题告诉消费者。这样不仅不会影响消费者的购买欲望，反而会增加消费者对产品的信任，提高产品的可信度，赢得消费者的青睐。

例文1

活性钙片

活性钙片主要成分为活性钙，是以海洋生物牡蛎的壳作为原料，经特殊工艺加工精制而成。该牡蛎壳的主要成分除钙之外，还含有微量钾、镁、铁、磷等各种人体所需成分。活性钙片与普通钙片的最大区别是它极易被人体吸收，能透过毛细血管进入组织间质和脑脊髓液内，具有重要的生理作用。钙离子在血液凝固时是不可缺少的主要因子，因为钙离子的移动和增加可直接引起细胞内糖、蛋白质、脂肪等代谢酶系统的变化。在组织细胞代谢反应中，以及许多激素在细胞内发挥作用时，钙是必要的物质基础。

作用与用途：活性钙有助于骨质形成，维持神经传导和肌肉收缩，维持毛细血管正常渗透压，保持血液酸碱平衡。可用于男女老少健身补钙，预防和治疗缺钙引起的慢性疾病。对易产生缺钙的孕妇、产妇、老人和发育旺盛期的儿童确有防疾、健身补钙的功能。

用法与用量：口服，饭后白开水冲服，每次2～4片，一日3次。儿童、产妇、孕妇用量酌增（或遵医嘱）。

注意：服药后要多饮水，不要嚼服。

规格：每片含钙25mg。

贮藏：密封，在干燥处保存。

批准文号：粤卫药准字（××××）第××××××××号

地址：广州市海珠区××路×号

电话：(020)××××××××

广州××药业股份有限公司

例文 2

养颜之宝凤凰高级胎盘膏

皮肤，尤其是面部皮肤的状态是衡量衰老的主要标志。

皮肤衰老的主要原因是由于随着年龄的增长，皮脂腺和汗腺的新陈代谢功能逐渐衰退，真皮内具有保持皮肤韧性和弹性功能的胶原蛋白质分子也逐渐变硬。

根据现代美容技术，我们要延缓皮肤衰老和改善已经衰老的皮肤是完全可以做到的，这就要靠平时对皮肤的保养和护理，不断地给皮肤提供营养、保湿和滋润等物质。

当今，国外许多化妆品厂已采用水解蛋白作为化妆品的营养物质。原料的来源主要是牲畜的皮骨之类骨胶原蛋白质。关于胎盘化妆品的报道极少，目前只在德国、法国的专刊报道中可见，且对胎盘化妆品的评价很高。

我厂与宁夏轻工业设计研究所，经过多年合力研究和临床试验，在国内营养性化妆品中首创采用名扬中外的宁夏滩羊胎盘，经科学方法制成羊胎盘水解液。此羊胎盘水解液的氨基酸和蛋白质等有效成分均为人胎盘组织液的20倍以上。

羊胎盘水解液除含有极易渗入皮肤的氨基酸和蛋白质等营养物质外，还含有卵磷脂，它也是一种很好的营养物质。此外，还有粘多糖类，它是一种理想的保湿剂，能使皮肤表面保持适量水分，从而使皮肤保持自然的柔软性和弹性。

凤凰高级胎盘膏不但采用营养价值极高的羊胎盘水解液，且在膏体基质方面也经过多年研究，特别重视原料对皮肤的滋养性和安全性，膏体质地柔软、细腻，质量达到世界先进水平。搽用后，能在皮肤表面立即融化成一层营养护肤薄膜，舒适滑爽，毫无粘腻的感觉。

根据临床试验，本品具有加速血液循环，促进新陈代谢，延缓皮肤衰老，防止皱纹增生，减退雀斑、黄褐斑、老年斑的功效，经常搽用，能使皮肤柔嫩洁白，滋润光滑。

使用方法：

晨起洗脸后和晚上临睡前各一次，每次用手指取本品少许均匀地搽于脸部，并轻轻地按摩片刻，要特别重视眼睛、嘴和前额周围的按摩。

重量：每瓶40克。

附告：本厂为对消费者负责，在国内化妆品行业首创将配方中所有成分都标明。羊胎盘中的营养成分可能会令个别皮肤过敏者不适，停止使用后，皮肤即能恢复正常。

××日用化妆品二厂

思考与练习

1. 何谓计划？计划的作用是什么？
2. 何谓总结？总结的写作要求是什么？
3. 何谓调查报告？调查与报告之间的关系如何？
4. 谈谈调查问卷的特点。
5. 何谓简报？简报与行政公文在使用时有何区别？
6. 讲话稿的特点是什么？它有何作用？
7. 订立合同的要求是什么？
8. 谈谈合同与协议书的异同。
9. 商品说明书的作用和特点是什么？
10. 商品说明书的写作要求是什么？
11. 下面这份计划订得好不好？请根据计划写作的要求逐项检查后作简要的评析。

××钢铁厂
推行首钢岗位责任制先进经验的计划

一、目的和意义

首钢岗位责任制的整顿是改进企业管理的样板，我们要认真学习，积极推行。通过这次学习，有关方面负责人提高了认识，认为有必要向首钢学习，建立健全我厂的生产责任制，使我厂的生产更上一层楼。

二、方法步骤

总的要求是：从7月上旬开始，利用一个半月至两个月的时间，大体完成这项任务。

具体安排是：

(1) 7月上旬，全厂职工学习、讨论首钢经验，提高认识，找出差距。7月15日左右听汇报。

(2) 7月下旬，各车间、科室提出方案。

(3) 8 月上旬，综合平衡，进一步充实完善。

(4) 8 月中旬，开展检查评比。

三、措施和要求

(1) 开好三个会，动员会（7 月 2 日），经验交流会（7 月下旬），总结表彰会（8 月下旬）。

(2) 搞好试点。全厂以锻压车间为试点单位，进行改革。希望能搞好这个点，为全厂树立一个榜样。

(3) 组织职工认真讨论，充分发扬民主。俗话说：三个臭皮匠，顶个诸葛亮。群众的智慧是无穷的，让群众提出岗位责任制的初步方案，班组进行讨论，领导审查批准。

四、组织领导

党委统一领导，各车间、科室具体负责，工、青、妇积极配合，厂部要定期研究、讨论，一级抓一级，力争提前完成任务。

12. 根据下面提供的材料，拟一个工作总结的提纲，并为之拟一个大标题。

(1) 写总结的背景；

(2) 回顾历史上毁林开荒的三次浩劫；

(3) 县委是如何制订出绿化山林的计划的；

(4) 领导带头，全县总动员，打植树造林种果的人民战争；

(5) 封山育林，建护林队伍；

(6) 建三个“一条龙”的生产体系；

(7) 培育森林——林木加工一条龙；

(8) 种果、种蔗——果品加工、制糖生产一条龙；

(9) 种桑、养蚕、缫丝——丝织品生产配套一条龙；

(10) 土特产生产有待发展；

(11) 绿化率高，达到省委下达的指标；

(12) 林茂粮丰，良性循环；

(13) 三个“一条龙”取得的成绩；

(14) 护林工作尚须加强；

(15) 优良树种的开发还不够。

13. 阅读总结例文《××县地税局办公室 2002 年度工作总结》，谈谈它布局谋篇、用词造句的特点。

14. 某记者对一家大型国有企业采访。当他问厂长该厂由生产滑坡转为盈利大户的原因时，厂长答曰："企业活靠的是关系学。"记者深入该厂了解到如下一些情况：职工们认清了企业利益与个人利益的一致性，厂领导严格管理的同时又身先士卒；上级主管部门与企业的"婆媳关系"得到改善，厂领导躬身自省、尽可能与"婆婆"取得一致并力求其支持；工厂和商业单位相互信赖、尊重、配合，关系良性发展；用户是"上帝"，企业笃信这一点，攻克质量难关，加强售后服务。

请你为这位记者要写的调查报告拟一个结构提纲。

15. 下面是《中国青年》杂志的一份广告反馈问卷，请代这份问卷写一个开头语，并拟一个结尾。

①性别：□男　□女

②年龄：□22 岁以下　□22～25 岁　□36～50 岁　□50 岁以上

③职业：□工人　□机关干部　□学生　□军人

□科教文卫人员　□个体劳动者　□商业服务人员

□合资或独资企业人员　□离退休人员

□国有集体企业事业管理人员　□自由职业者

□其他（请注明）

④职务：□单位主管　□部门主管　□项目主管　□职员　□其他（请注明）

⑤个人月收入：□无收入　□100 元以下　□101～300 元　□301～500 元

□501～1 000 元　□1 001～2 000 元

□2 001～3 000 元　□3 001～5 000 元

□5 001～10 000 元　□10 000 元以上

⑥婚姻状况：□已婚　□未婚

⑦学历：□小学及以下　□初中　□高中（含技校）

□大学专科　□大学本科　□研究生或以上

⑧你希望从本刊中看到哪些商品的信息？

□1. 空调机　□2. 彩电　□3. 电冰箱　□4. 组合音响

□5. 洗衣机　□6. 影碟机　□7. 录/放映机　□8. 微波炉

□9. 加湿器　□10. 抽油烟机　□11. 电饭锅　□12. 电熨斗

□13. 热水器　□14. CD 唱片　□15. 录音机　□16. 黄金珠宝

□17. 洗涤用品　□18. 药品　□19. 皮件及饰品

□20. 洗发护发用品　□21. 流行服饰　□22. 化妆品

□23. 图书杂志　□24. 国内外旅游　□25. 保险

□26. 教学录音及录像带 □27. 新款女性内衣
□28. 家具用品 □29. 文具 □30. 电脑及软件
□31. 健身运动器材 □32. 儿童玩具 □33. 照相机钟表仪器
□34. 金融投资 □35. 通信器材 □36. 百科全书
□37. 汽车及其配件 □38. 其他（请注明）

⑨在未来3个月内您将计划购买哪类商品（商品编号见上题）?

_____、_____、_____、_____、_____、_____、_____

在未来3~6个月内呢?

_____、_____、_____、_____、_____、_____、_____

在未来6~12个月内呢?

_____、_____、_____、_____、_____、_____、_____

计划于明年购买的呢?

_____、_____、_____、_____、_____、_____、_____

16. 下面是调查问卷中的问题和供选择的答案，看看有何不当之处。

（1）你是否愿意告诉他人心事（ ）

A. 主动 B. 别人问就说 C. 不说

（2）你选择倾诉心事的对象是（ ）

A. 恋人 B. 同学 C. 家长

（3）你对自身健康状况是否了解（ ）

A. 有忧虑 B. 注重健康 C. 从不担忧

（4）您减肥的次数是（ ）

A. 经常 B. 较少 C. 很少 D. 不曾

（5）“非典”期间你是否会到校外就餐（ ）

A. 会 B. 不会 C. 会，但注意消毒

17. 阅读下文，谈谈该文两段话的旨意是什么？语言特点是什么？

欢迎××来校讲学的讲话

同学们、朋友们：

今晚，我们有机会与××先生欢聚一堂，感到十分荣幸。××先生是我们大家所熟悉的人。他在研究国际政治问题方面取得了巨大的成就，声名远播。现在，让我代表出席今天会议的全体同志，向远道而来的贵宾表示热烈

的欢迎和敬意。

××先生多年来一直重视世界形势的发展。他曾经不止一次地访问非洲，对非洲的历史和现状都了如指掌。今晚我们特地请他讲讲非洲当今的形势及对世界格局的影响。现在，有请××先生给我们讲话，大家欢迎。

18. 为下文“家庭装饰装修工程施工合同”拟一个“违约责任”。

内容提示：由于乙方原因逾期未竣工；由于乙方原因将施工材料、设备损坏；甲方临时要求乙方改变原有设计或者是未经甲方同意，乙方擅自改变原有设计等。

家庭装饰装修工程施工合同

编号：××××

发包方（甲方）	承包方（乙方）
姓名：________________	单位名称：________________
住所：________________	注册地址：________________
工作单位：________________	邮政编码：________________
联系电话：________________	法定代表人：________________
	联系电话：________________
	工程负责人：________________

根据国家有关法律的规定，甲、乙双方在平等自愿的基础上，就乙方承包甲方发包的家庭装饰工程，经协商达成以下协议：

1. 工程概况

1.1　工程地点。

1.2　工程内容（包括工程内容、单位、工程量）。

1.3　工程承包方式__________。

a. 乙方包工包料。

b. 乙方包工，甲方包料。

c. 乙方包工，甲、乙双方各自提供部分材料。

其中甲方提供材料明细表（内容包括材料名称、品种、规格、单位、数量、单价、合价、供应时间）。

乙方提供材料明细表（内容包括材料名称、品种、规格、单位、数量、单价、合价、供应时间）。

1.4　工程期限______。

2. 甲方工作范围

2.1　开工期间，甲方应搬清室内家具、陈设，不便搬移的家具、陈设应归堆、遮盖，以便乙方施工。

2.2　负责提供水源、电源。

2.3　负责协调与邻居的关系。

2.4　对需拆改原建筑物结构或设备、管线，负责向有关单位办理相应手续。

2.5　施工期间甲方如仍需使用部分居室的，负责施工现场的保卫及消防。

2.6　负责工程质量和进度的监督及验收。

3. 乙方工作范围

3.1　根据工程内容按期保质完成工程。

3.2　施工中严格执行有关的安全操作规程及质量标准。

3.3　严格执行有关施工现场管理规定，不得干扰居民正常休息及污染环境。

3.4　负责保护好室内家具和陈设。

4. 工程变更

工程内容及做法如需变更，甲、乙双方必须协商一致，相关费用的调整须双方同意。

工程变更单内容包括变更内容、原设计内容、变更后设计内容、调整费用。

5. 工程验收

工程竣工后，乙方应通知甲方验收，甲方接到验收通知后两天内验收，填写工程验收单。在工程款结清后办理移交手续（工程验收单内容包括验收项目、验收结果）。

6. 工程保修（见附表1）

工程自验收合格双方签字之日起保修__________年。

7. 工程结算（见附表2）

7.1　双方商定，本工程价款为人民币__________元。

7.2　工程验收合格后，乙方应向甲方提出工程结算，并将有关资料送交甲方。甲方接到工程结算资料后如无异议，双方应填写工程结算单。甲方应于工程结算单签字后结清工程全部款项。

7.3　付款方式。

甲、乙双方按商定方式进行工程结算。

工程保修单（附表1）

公司名称		联系电话	
用户姓名		联系电话	
被装修房屋地址			
设计负责人		施工负责人	
开工日期	年　月　日	竣工日期	年　月　日
保修期限	自　年　月　日起至　年　月　日止		

工程结算单（附表2）

原预算金额	
工程变更增加金额	
工程变更减少金额	
甲方已付金额	
甲方结算应付金额	

19. 下面是某合同正文部分，谈谈该合同内容格式的不当之处，并就所提供材料重拟一份合同。

建筑工程合同

××县××机械厂（以下简称甲方）与××省××县建筑公司（以下简称乙方）经双方商定签订合同如下：

（1）工程内容：甲方原有厂房（均系平房）4 000 平方米，现扩建 8 400 平方米，其中拆除 2 000 平方米。新厂房要求 4 层钢筋水泥结构（详见图纸）。

（2）工程进度：首期工程 3 600 平方米要求在 2001 年 10 月底完成，其余 2 800 平方米在 2002 年 10 月底前全部完成。

（3）建筑费用：全部建筑工程费用 1 400 万元（详见清单），所有建筑材料均由乙方负责采办。订阅合同后甲方先付给乙方工程费用 80 万元，余款在厂房建成验收后10天内全部付清。

（4）经济责任：厂方如不能按期付款，每超过一天，应赔偿给建筑公司工程费千分之一的赔偿金；建筑公司如不能按期完成施工任务，每超过一天，厂方可在工程费用中扣除千分之一作为赔偿。

（5）施工期间的人身安全由双方共同负责。

附件：（略）

20. 作文

（1）制订计划练习：

A. 课外阅读计划

B. 体育锻炼计划

C. 个人理财年度计划

D. 大学四年外语学习目标

（2）任选下列其中一个内容写一份总结（标题自拟）：

A. 中学六年语文学习的总结

B. 请为你参加过的一次学生活动写一份工作总结（提示：可为一场辩论赛、一场球赛、一项公益活动）

C. 本学期应用写作课已经结束，请结合实际，写一份总结

D. 一年大学生活总结（要求：结构完整、语句通顺、内容充实、能归纳出规律性的东西）

（3）调查问卷练习：

A. 某系学生会准备在“五四”青年节举办一次有意义的活动，学生会领导成员之间对活动内容、规模、步骤、经费来源、奖励措施等均有分歧，现请你代该系学生会拟一份调查问卷，以便广泛征求同学的意见再作决定

B. 以学校团委秘书组名义，就大学师生关系拟一个调查问卷表

（4）调查报告练习：

A. 大学生课外活动调查

B. 大学生消费状况调查

C. 大学生学习时间安排的调查

D. 大学生奖学金去向的调查

（5）根据下列材料，编一份简报稿：

以你们班上的一次班会，或者是团小组会为题材写一份会议简报。

（6）讲话稿练习：

A. 请以师兄、师姐的身份，拟一份在新生入学典礼上的欢迎词

B. 请以师弟、师妹的身份，拟一份毕业典礼上的欢送词

（7）假设你已大学毕业，找到了一份较为理想的工作，并与用人方谈妥各项事宜，现让你就劳务地点、劳务性质、劳务时间、劳动纪律、所获报酬（包括医疗保险、养老保险、税金交纳、探亲待遇等）与资方拟订一个合同。

（8）就下文提供的材料，写一个“南岩铁观音”产品说明书。

茶中奇秀南岩铁观音

安溪县是特种名茶——乌龙茶的主产县，产茶已有1 000多年的历史，制茶经验丰富，优良品种多，素有茶树良种宝库之称。驰名中外的名茶“铁观音”，就是本县西坪乡茶农于清乾隆年间发现并培育的，为乌龙茶中的珍品。外形条索肥壮圆结，色泽绿润红边，内质滋味醇厚甜鲜，香气清芳。历史上曾多次在海内外获奖，1982年和1986年都被评为全国优质名茶。

乌龙茶以不窨花而有花香，不加糖而能回甘显甜，色、香、味俱佳的特点，集其他茶类优点于一身。特种名茶的生产，必须选用纯正优质良种，选择优良土壤和适宜的气候条件，精心栽培，还要有特殊精湛的制作工艺，即所谓“天时、地利、人和”三者兼备，方得上品。我乡境内峰峦重叠，云雾缭绕，土壤气候利于茶叶优质内含物的形成，鲜叶一般含蛋白质22%以上，单宁18%左右，水浸出物约为45%。芳香油、氨基酸、茶多酚等含量适中，为炒制优质乌龙茶的上等原料。加上我乡茶农善于根据不同气候、不同鲜叶、不同品种，采用不同的做青、揉焙等方法，实乃“天、地、人”兼得。名茶出我乡，得天独厚，绝非偶然。

我国是世界公认的茶树原产地，也是最早利用和栽制茶叶的国家，古代名医早已肯定茶叶是有药用价值的健康饮品。据现代科学分析，茶叶含有500多种化学成分，主要有蛋白质、氨基酸、糖、脂肪、多种维生素、矿物质、咖啡碱、茶多酚、茶多糖等，有助消化、解脂、提神、消劳、益思、止血、杀菌等作用。而乌龙茶的作用尤为突出，能抑癌、降压、减肥、降胆固醇、防动脉硬化，越来越受国内外消费者欢迎。

我公司所属茶厂选制的系列产品，注册商标为“南岩”。目前有极品铁观音、贡品铁观音、上品铁观音、高香黄金桂，还有桂兰春、茗中珍、一枝春等，均为地道正宗精工制作、品质纯真的名品。沸水冲泡，随泡随饮，闻

之有天然花香，沁人心脾；细品则滋味醇厚甘鲜，回甘悠长。尤其是铁观音，更有独特的“余韵”。

本公司出品的各种香茗，雅俗共赏，老少皆宜，长期饮用能为您增添无穷乐趣，欢迎各界人士品饮指导。

安溪县西坪乡茶叶加工公司

第四编

社交文书

[导言]

通过本编的学习，掌握各类社交文书的性质、作用、特点、写作要求，能根据社交的需要，撰写、拟制出得体、规范、精当、适用的日常社交文书。

第一章　柬帖与聘书

第一节　柬帖

一、柬帖概述

柬帖，也叫请帖、请柬，它是为邀请他人参加比较重大的活动时所使用的一种社交文书。

“柬”同“简”。在没有发明纸张之前，竹木是主要的书写材料，凡是写在竹木片上的文字称为“简”。此外，帛也是一种书写材料，写在帛上的文字称为“帖”。随着社会的发展，“简”和“帖”的含义都起了变化，“柬”指用简短的语言写成的信件，“帖”用来指一种文告。如《木兰辞》中写道：“昨夜见军帖，可汗大点兵”，“军帖”指军中的文告。现在，“柬”和“帖”已经合为一义，且人们习惯于称这一类文书为请柬。

柬帖的作用是为了表达邀请者的热情、诚挚、庄重，柬帖可供被邀请者作备忘之用，在某些场合还可以作为凭证。

柬帖的种类，就其性质而言，可分为：会议柬帖（如例文1）、庆贺柬帖（如例文2）、丧葬柬帖（如例文3）等。在经济生活中，企业或商家为了向广大消费者介绍推广自己的产品，往往会发出请柬，邀请客户参加一些活动。由于对象众多，且带有不固定性，不可能一一发送柬帖，此时邀请者往往采取登报的形式，通知并邀请大家踊跃参加，这类文书不如专递的柬帖正式，但是它所起的广而告之的作用却是前者不可替代的，如例文4。

二、柬帖的写法

柬帖的写作形式多样，可根据内容的需要而定，一般包括以下几项内容。

（1）标题。在正文上方居中写“请柬”二字。也可以由活动名称加“请柬”二字组成。如“羊城仲夏万家欢请柬”、“产品推介会请柬”。

（2）姓名称谓。写被邀请者的姓名与称谓，或单位名称。写于标题下行，顶格。此项内容也可写于正文之后，如“致×××经理”，称谓也应顶格。

(3) 正文。写邀请的内容，包括活动的名称、时间、地点、活动的内容，有时还要写上应邀者应做哪些准备。这部分内容必须明确具体，如时间，必须明确到小时、分钟。

(4) 结束语。写上礼节性的话语。如“敬请光临指导”、“恭候光临”等字样。

(5) 署名和署时。写上邀请者的名称及发柬日期，公务来往的请柬要签名或盖章。

三、柬帖的制作要求

柬帖是人们交际的媒介，因此，语言要求简洁明确，还要根据场合、对象选择得体的措辞，用纸要讲究，书写要工整。有时还要注明联系人姓名、电话、交通路线等。在款式和装帧的设计上要注意艺术性，如加上花边、图案等，使之不仅是一种实用的社交文书，也是一帧美观、精致的美术作品。通常在酒店、文具店可以买到现成的柬帖，购买者只要根据邀请内容的需要，选择合适的印制好的柬帖，填上对应邀者的称呼、邀请人的署名以及有关日期、地点即可，有时还要注明联系人姓名、电话、交通路线等。

另外，柬帖是邀请客人的通知书，所以在什么时候、用什么方式发送柬帖，需要视实际情况认真斟酌。一般说来，普通请柬在活动前一个星期左右送达为宜，早了容易遗忘，晚了受邀者又不便安排时间。婚礼请柬一般要提前半个月，因为客人要做各种出席的准备。

四、关于回柬

收到请柬后，无论是应邀还是辞谢，被邀者均要给予明确答复。发出邀请时就附上回柬，被邀者应该及时回复。回复的措辞也应该庄重得体，如“本人应××先生邀请，将和夫人于×月×日上午×时在××宾馆践约，谨表谢意。”署名应将夫妇二人的名字都写上。如不能赴约，更应回复，回复时若能讲明原因则更为礼貌。

例文1

×××先生（女士）：

兹定于××××年×月×日（星期×）晚上7时30分，假座××酒店二楼贵宾厅举行××学会成立××周年座谈会。

恭候

光临指教

××学会敬约

××××年×月×日

例文2

×××先生（女士）：

我俩谨定于××××年×月×日上午9时正在××会堂举行婚礼，并于是日中午12时假座××酒家三楼××厅敬备薄酬。

恭候

光临

新郎　×××　鞠

新娘　×××　躬

××××年×月×日

例文3

×××先生（女士）：

先妣×××于××××年×月×日下午4时因病逝世，享年68岁。兹定于×月×日（星期×）中午12时至12时30分，在××殡仪馆××厅举行遗体告别仪式。

哀此

讣闻

孝子　×××

孝媳 率 ×××　哀启

孝孙　×××

×××× 年 ××月 ×日

注：讣帖与讣告不同，讣帖篇幅较小，只宜投送个人，而讣告可张贴也可送个人。讣帖主要由死者的亲属发出，也可以由治丧委员会或朋友发出，正文写明死者的姓名、逝世时间、享寿年岁、追悼会的时间、地点等有关要

素即可。

因“先妣”的称谓只限于子、女、媳、婿一辈，孙辈不能用此称谓，故应加“率”字，否则乱了辈分，于礼不合。

例文4

请柬

麓湖阁准业主：

谨定于4月28日~5月7日举行全新瑰丽外墙、大型天台花园及复式示范单位展示会，诚邀阁下莅临。

××实业集团敬上

现场地点：洵金北路77号

展销会：4月28日~5月7日

销售热线：××××××××

展销会期间额外9.8折

网址：http：//www.abc.com

第二节 聘书

一、聘书概述

聘书也叫聘请书，它是一个单位聘请外单位或本单位专门人才担任某项职务或承担某项工作时使用的一种文书。

任何一个机关、团体、学校、企业，要承担或开展某项工作，往往会遇到人才缺乏、实际操作困难等问题，此时要借助外部的人才参与，于是就要聘请某人担任本单位的某项工作的技术指导、法律顾问、参谋、主讲等。这种单位与个人之间的协作需要用固定的文种作凭据，这就是聘书。有时，单位与单位之间为了某项中心工作互相调剂人才，交流经验，加强单位之间的协作。聘请书的传递可以加强应聘者的责任心。通过授予聘书，规定了聘者应提供的工作条件，明确了应聘者的工作职责、双方的权利与义务，便于工作任务的完成。

二、聘书的写法

（一）标题

在书写标题的位置写“聘书”或“聘请书”，有时标题上还会写明聘请的单位，如例文1。

（二）称谓

应聘人的姓名、称呼。格式与书信相同，顶格写。内容简短的，可不用称谓。

（三）正文

一般要交代聘请的原因和任务，应聘者的职务与权限，聘请的起止日期以及对应聘者的要求。

（四）结尾

写表示敬意、祝颂、致谢的话，如“此致，敬礼”、“不胜感激”等。

（五）署名和署时

正文右下方写聘请单位名称或主要负责人姓名，加盖公章，下一行写年月日。

三、聘书的写作要求

有关内容应交代清楚。如聘请谁、为什么聘请，均应写明，不能含糊其辞。另外，文字要简明。聘书与其他专用书信不同，不必详列工作内容和工作要求。最后，形式要庄重。无论是印刷还是手书，都应注意工整、清晰、大方、美观，这样才体现出对应聘者的信任和尊重。

例文1

广东省人民政府聘书

兹聘请________为广东省政府参事，聘期自________年至________年止。

省长 ________

年 月 日

例文2

聘请书

为了提高教学质量，本校成立了由骨干教师组成的××教学研究会。特聘请×××老师为指导老师，参加教学研究，并指导本校的教学工作。

此致

敬礼

××大学（盖章）

××××年×月×日

例文3

中华人民共和国司法部

中国司法杂志社高级专家顾问委员会

聘书

李刚同志：

《中国司法》杂志是司法部的机关理论刊物，是全国司法行政系统权威的“第一刊”。为充分发挥政策指导、理论探索、法制宣传和舆论监督职能，加强中国司法高级专家顾问委员会在四川地区的交流和服务工作，经研究，聘请您担任高级专家顾问委员会特邀委员。

二〇〇六年七月

第二章　介绍信与推荐信

第一节　介绍信

一、介绍信概述

介绍信是单位或团体用以介绍本单位、本团体成员外出联系各项事务的一种社交文书。介绍信在工作中具有介绍、联络、证明的作用。持介绍信的人，可以凭借此信与有关单位或个人联系，商洽某些事项。收信人从对方的介绍信中，可以了解来访者是何人，任何职务，需办何事，有何希望、要求等。所以介绍信不仅有介绍联系的作用，还有证明身份的作用。一般各系统根据本单位的实际情况备有各种介绍信，以便随时使用。

介绍信的形式通常有两种：一是普通介绍信，用于联系普通事务，用带有单位文头的信笺书写的介绍信。二是用铅印或打印，按一定格式事先印好的专用空白介绍信。比较重要的事务通常用后一类介绍信。

二、介绍信的写法

（一）普通介绍信的写法

（1）开头。先在第二行正中位置写“介绍信”三个字，从第四行开始顶格写称谓，称谓后加冒号。

（2）正文。另起一行空两格起写介绍信内容。开头习惯用“兹有”、“兹介绍”的字样。接下来写明被介绍人的姓名、身份、人数以及要接洽的事项和要求。

（3）结尾。可写上“请接洽”、“请予解决”、“请予协助”、“此致　敬礼”等表示希望或敬意的话。

（4）署名和署时。应在信纸的右下方，写上本单位名称，开介绍信的时间写在单位名称下边，要年月日俱全并加盖公章。

例文1

介绍信

××大学××系：

兹介绍我系青年教师×××等×人，前往贵系联系在职教师参加××进修班事宜，请予接待。

此致

敬礼

××学院××系（公章）

××××年×月×日

（二）印刷介绍信的写法

1. 带存根的介绍信

这种介绍信有两联，一联是存根，备查考时用；另一联是外出用的介绍信本文，中间有间缝。

（1）存根部分的写法。第二行正中写“介绍信”，后加“存根”两字，并加括号。第四行的右半行，即“介绍信”三个字的右下方写“××字第××号”，“××字”是单位的代字，“××号”是介绍信页码的顺序号。第五行空两格起写介绍信内容，应写明何人到何处办何事，对接待单位有何要求。此后，填上经手人、签发人姓名，最后写介绍信开出的时间、有效期限。

（2）本文部分的写法。文头部分与存根部分写法相似。第五行顶格写联系单位名称或个人姓名、称呼，再加上冒号。第六行空两行写正文。写明持介绍信者姓名，前往人数，要接洽的具体事项及对联系单位或个人的要求或希望。结尾写法与普通介绍信写法相同。

介绍信的本文与存根之间是间缝部分，有一条虚线，虚线中间写“××字第××号”字样，这与存根一样填写。号码要大写，写在虚线正中，使存根及正文各有一半。虚线正中的号码要加盖公章。

例文2

介绍信（存根）		介绍信
××字第××号 ×××等×人，前往×××联系××××。 年　月　日	××字第××号盖章	××字第××号 ×××单位： 兹介绍×××等×名同志前往你处联系××××××，请予接待。 此致 敬礼 年　月　日（公章）

2. 无存根的介绍信

这种介绍信根据本身业务需要，事先印刷好各项内容，用时填写即可，十分方便。

例文3

××银行公差介绍信

年　月　日

处/科		
前往单位		
事由		
有效期	月　日至　月　日止	
处室领导签字		
行领导审批		

三、介绍信的写作要求

前往洽谈工作人员的身份要如实填写，需要洽谈的内容只写大致范围，应清晰端正、简单明了，加盖公章。

第二节　推荐信

一、推荐信概述

凡是用于向个人或有关单位推荐人才的书信都称为推荐信。

推荐信从推荐的对象看，有荐人或荐物两种。其中荐人多数是他人推荐，即他荐，但也有自我推荐的，为自荐。从推荐范围来看，有日常事务的推荐书信及社交方面的推荐信两种。

推荐信的作用就是推举、介绍，便于人才的交流和事物的广泛交流。

二、推荐信的写法

推荐信由标题、称谓、正文、落款构成。

（一）标题

可以写“推荐信”或“关于推荐××的信”。如果是写给个人的，可以省略标题。

（二）正文

由开头、主体、结尾和落款四部分组成。

（1）开头可以写缘由，如在报纸上、电视上看到招聘广告，推荐某人前往应聘。也可以开头介绍被推荐者的基本情况，即姓名、性别、年龄、学历、职称、现任职务、特长等。如果推荐信是与简历一并发出，开头一段可以简略一些，如例文1。如果是荐物，应写明物品的名称、性能、产地、用途和特点。

（2）主体写明所推荐的人或物的理由。如果是荐人，要介绍被推荐者的学习经历、工作能力、业务专长、主要成果、获奖情况等。如果是荐物，则介绍其使用范围和方法。

（3）结尾写推荐意见和推荐者的希望。还可写明与被推荐者的关系。荐物，则写明采购或定购方法，如通信处、联系人、电话号码等。最后，如有必要，可写上简短的表示感谢、祝愿或敬意的话。

（4）落款在信的右下方写推荐单位或个人的名称或姓名。在署名的下一行写上日期。

三、推荐信的写作要求

首先，写推荐信时，要对被推荐的人或物有相当深入的了解，不盲目推荐，要针对对方的需求有针对性地进行推荐。其次，要实事求是，不要为了迎合对方的需求说不实之词。最后，应言辞简明，没有必要长篇大论，篇幅冗长反而影响推荐效果，当然也不能过度笼统，篇幅以一两页为宜。

例文 1

推荐信

××医院人事部：

×××同学于××××年考入××大学××系攻读××专业博士学位，将于××××年×月毕业。该生在校期间能认真学习党的各项方针政策，关心政治，能够与党中央保持高度一致。

该同学学习认真刻苦，有钻研进取精神，学习成绩优异。基本知识掌握牢固，具有较强的科研素质。善于发现问题和解决问题，具有较强的独立工作能力，该生在完成博士论文课题期间，运用科学的思维方法和严谨的科研思路进行实验设计，熟练掌握了大鼠异位心脏移植模型和颈总动脉球囊损伤模型的建立、腺病毒转染扩增、离体转基因、PCR、免疫组化、流式细胞学检测等技能，并能够熟练地应用SPSS等数据处理软件进行统计分析。经过文献查阅、开题报告、课题实施、资料整理、论文等系统培养，该同学已获得了较好的科研工作能力，能够做到理论联系实际。

该同学具有执业医师资格，攻读博士学位前有8年大外科工作经验，6年胸心外科工作经验，能够处理本专业常见病、多发病和较复杂疑难问题。在既往临床工作中严格要求自己，视病人如亲人，深得病人及家属信任。工作中无任何医疗差错和事故发生。

该同学有大学本科课程教学经验，能胜任教学工作。

其在攻读博士学位期间，除了完成临床工作和博士科研课题以外，还注重总结临床经验，撰写论文4篇，其中在《中华胸心血管外科》杂志和《中华器官移植》杂志发表论文2篇。

经过博士阶段的学习和锻炼，该同学已经成为一名符合时代发展要求、综合素质较高的临床、教学、科研复合型人才。

作为该生的博士生导师，我愿意推荐该同学到贵单位工作。

谢谢！

推荐人：教授、博士生导师×××

××××年×月×日

推荐人工作单位：略

推荐人与被推荐人关系：师生

联系方式：略

例文2

推荐信

尊敬的市领导：

你们好！

本人名雷×，男，重庆市××区××村人，现年27岁，文化程度××毕业。本人虽无大材，但立志要为国为民做点力所能及的贡献。现我有一技术向市政府求助，作民心工程之用，不为财利，只为对社会作微薄贡献，以完成愿望。

一、技术背景

数年来，全市及全国各地小偷、扒手活动猖獗，市民饱受失去辛苦钱甚至救命钱的痛苦。本人经多年努力，设计一新型防盗产品，已获专利局批准。(专利号略)

二、技术内容

范围：

箱、包、服装口袋（注：均不影响外观）

特点：

1. 反扒。如别人或扒手未经产品持有人同意以任意方式打开箱、包、口袋，均会发出报警声，本人打开则不发报警声。

2. 防划。如小偷用工具划破箱、包、口袋，该电子产品便立即报警。

3. 惠民。箱、包内所设电源可随时供现代电子产品如手机、数码相机、MP3等使用。

三、求助目的

1. 由政府出资建厂生产该产品（约需40万至50万元人民币）。

2. 该产品不作营利性生产，利润只用来作为员工工资及扩大再生产。

3. 本人只拿管理工资，不作为技术股东分利润。

该技术专利同样可无偿提供给全国其他地区作非营利性惠民生产。上述请求请市领导批准。

此致

敬礼

自荐人：雷×

2007年4月4日

（附联系电话略）

附 推荐信回复

渝科访复〔2007〕48号

关于推广新型防盗产品来信的回复

雷×同志：您好！

收到市长信箱转来您的来信。我们及时与您作了电话沟通交流，进一步了解了您发明新型防盗产品和惠民装置的有关情况。现答复如下：

1. 关于您提出的由政府或相关部门出资建厂的想法，我委作为政府主管全市科技的职能部门，其重点是组织对项目前期研发的支持，您的发明已经形成产品，需要产业化项目资金支持，建议与市发展改革委员会产业化处联系。

2. 在争取市发展改革委支持的同时，也可与重庆市技术产权交易所联系，通过技术产权交易平台寻找资金和合作商机。

3. 与重庆风险投资公司接洽，通过争取风险投资注入资金产业化。

希望您通过与上述单位的联系，把您的新型防盗产品和惠民装置早日推向市场，服务社会，服务大众。如您还有什么问题，可及时与我们联系。

重庆市科委联系人：夏× 联系电话：略

重庆市发展改革委员会电话：略

重庆市技术产权交易所李×电话：略

重庆科技风险投资公司电话：略

二〇〇七年六月九日

第三章　邀请函与咨询函

第一节　邀请函

一、邀请函概述

邀请函是为了请有关人士到约定的地方参加某项活动或事务而写的专用书信。邀请函又称邀请信、邀请书。

邀请函具有邀请的功能，有一定的礼仪色彩。通常朋友之间的聚会或其他社交活动，用一个电话或一条短信即可，若发出邀请函则比较庄重，比较郑重其事。

二、邀请函的写法

邀请函一般由以下几个部分组成。

（一）标题

在书写标题的位置写“邀请函”或“邀请书”、“邀请信”，有时标题还加上活动名称，如“关于出席××产品发布会的邀请函”、例文1。

（二）称谓

称谓即应邀人的姓名或名称。对一些不便直接指明请某人参加的活动，称谓可写单位名称。如果被邀请对象人数较多，可不写称谓，而在正文中详细说明。称谓的书写位置在标题左下方，顶格。

（三）正文

邀请函的正文一般先写活动、聚会的目的、方式、时间、地点、出席人员等。然后可写活动、聚会的具体要求，如需要带什么材料、准备什么发言、费用问题等，这样可以使邀请对象有备而来。

结束处可写上一些礼貌用语。

（四）落款

在正文右下方写邀请单位名称或邀请人姓名。若是单位发的邀请，还应加盖公章，以示慎重。下一行写发出邀请的年月日。

三、邀请函的写作要求

（一）要有礼貌

邀请函具有礼仪色彩，所以用词要有礼貌。邀请函不是上级对下级的通知，应有几分商量的余地，不能用行政命令的口吻。

（二）要有热情

如果是个人对个人的邀请，如舞会、赴宴、旅游等活动，言辞应热情，让被邀人看后愿意欣然赴约。

（三）有关事项要交代周详

通常情况下，邀请函都会将有关事项如时间、地点交代清楚，但有时候看似清楚的地方又有不清楚之处。如某邀请函请客人×日×时到本市环市路××宾馆相聚，但因为环市路太长，聚会的宾馆又不是知名的大宾馆，这就会给应邀人带来不少麻烦。

（四）要提前发送

若应邀人事务繁多，不提前发送，就无法分身，达不到邀请的目的，更可能因为来不及准备应邀或拿到邀请函时已经过期而无法参加活动。当然也不能提前得太多，避免应邀人因为间隔时间太长而忘了赴约。

（五）要给被邀人提供方便

如发出邀请函时，就已经附上回执，或附上地址、贴上邮票的信封。实际上予人方便，也是给自己方便，邀请人可以及时了解被邀人是否应邀，便于安排。

例文1

关于征集暨大在广州重建50周年、复办30周年校庆艺术展作品的邀请函

尊敬的__________：

今年适逢我校在广州重建50周年、复办30周年的大庆之年，为纪念这一历史性的事件，充分表达广大师生“爱国爱校”的热情，体现暨南人“忠信笃敬”的精神风貌，我部拟于学校举办相关活动期间举办纪念暨大在广州重建50周年、复办30周年艺术作品展，包括书法、篆刻、绘画和摄影等多种艺术形式。

现特向您征集艺术作品________幅（件），形式、体裁不限，书画作品可交由我部装裱，摄影作品可交由我部冲印，同时向您提供一份参展证书。

本次作品征集的截稿时间是10月24日，您可以于上班时间将作品交至艺术学院210房我部主任助理×××老师处，或直接联系×××老师，预约我们上门取稿。展览结束后，我部将派专人将作品送回。请您不吝赐稿，为母校校庆添上一抹亮丽的艺术色彩。

在此，向您表示诚挚的谢意，期待您的作品。

此致

敬礼

暨南大学大学生艺术素质教学部

二○○八年十月八日

联系方式：（略）

例文2

邀请函

＿＿＿＿＿＿：

在中国工商银行票据营业部成立七周年暨广州分部成立五周年之际，为增进我部与贵行之间的合作和交流，进一步加强沟通和了解，我部定于11月16至17日在广州从化××酒店举办“票据杯”羽毛球比赛活动。

本次活动本着“加强沟通、促进交流”的目的，以羽毛球比赛为契机，增进了解，加强合作，深化、提高相互间的沟通交流。本次活动安排比赛、答谢宴等内容。各位来宾11月16日晚入住从化，11月17日上午10：00进行羽毛球混双比赛，11月17日中午举行答谢宴会。

届时，诚挚邀请贵行委派相关人员3人参与活动，其中领队1人，参赛选手2人（男女各1人）。

专致此函，请洽为感。

请于11月12日前将参会人员名单（见附件）通知广州分部。

联系人：略　电话/传真：略

手机：略

中国工商银行票据营业部广州分部

二○○八年十月三十日

回执

票据营业部广州分部：

我单位参加“票据杯”羽毛球比赛人员名单为：

姓名	部门	性别	职务	是否住宿	是否自行前往

第二节 咨询函

一、咨询函概述

向他人或特定的机构单位征求意见、询问问题的信件为咨询函。咨询函也称咨询信。

咨询函是现代社会获取信息的一个重要手段，是交流沟通的正规的书面通信方式。

二、咨询函的写作

咨询函的写作一般由以下几个部分组成。

（一）标题

在书写标题的位置写“咨询函”或“咨询信”。有时标题还可加上概括函件主要内容的定语，如例文1。

（二）称谓

称谓即被咨询对象的姓名或名称。书写在标题左下方，需顶格。

（三）正文

正文内容要说清楚发函的目的，咨询哪些问题，有哪些要求，让被咨询方能根据来函一一作答。

（四）落款

在正文右下方写咨询单位或个人姓名，以单位名义咨询的要加盖公章，以示慎重，再下一行写发出咨询函的年月日。

三、咨询函的写作要求

首先对所要询问的问题、要求要写清楚。其次，要注意语气，被咨询对象有时是上级领导，有时是某权威顾问，有时是兄弟单位，因此措辞要得当。最后，不要忘记告知对方复函的方法和自己的联系方式。

例文 1

铜梁中学图书防盗监测系统咨询函

各供应商家：

铜梁中学委托铜梁县政府采购中心采购“图书防盗监测系统”。如该产品属于你单位生产或经营范围，在你单位自愿的前提下，请将你单位符合以下基本要求的“图书防盗监测系统”相关资料及产品报价报送或传真至本中心以供选择。

一、“图书防盗监测系统”基本要求

全数码型三门两通道图书防盗监测系统，具体以供应商的推荐方案为准。预算采购金额：2 万元。

二、要求报送的资料及内容

1. 报价单位的工商营业执照复印件。

2. “图书防盗监测系统”的品牌、规格、型号、主要构件的材质及尺寸的详细文字表述资料和图片资料及施工安装方案等，各种不同的方案应单独说明。

3. 证明“图书防盗监测系统”质量符合国家或行业相关规定的质检报告。

4. 系统产品的售后服务承诺措施。

5. 每种不同的规格型号（方案）单独报价。

6. 报送资料截止时间：2007 年 5 月 17 日上午 12：00 时前。过时不予受理。

三、其他说明

1. 系统产品必须为全新产品。

2. 系统产品报价包含货物供货、运输、安装调试、人员培训、税费和售后服务范围内的全部费用。

3. “图书防盗监测系统”由供应商运送到铜梁中学指定的场所并进行安装调试。验收合格交付使用后，即由铜梁中学首付全部货款的 90%，余款在一年后付清。

其他未尽事宜，请与本中心或采购单位经办人联系。

采购中心联系人：陈老师　联系电话（传真）：略

采购单位联系人：刘主任　联系电话：略

铜梁县政府采购中心（公章）
二〇〇七年五月九日

例文 2

有关征地补偿的咨询函

重庆市国土资源和房屋管理局：

某街道办事处村民小组的土地面积 446.55 亩，其中，农用地 330.45 亩，建设用地 116.1 亩，合计相应耕地 338.5 亩；现有人口 209 人；相应人均耕地 1.86 亩。农转非人员 209 人。

该村民小组的土地于 2007 年 11 月被整体征用，并与某工业园区管理办公室签订了征地补偿协议书。双方约定：

1. 征用集体土地 446.55 亩，给付土地补偿费 4 195 800 元，计算公式：（农用地 330.45 亩加建设用地 116.1 亩乘以 1/2）乘以 1 800（耕地统一年产值）乘以 6 倍等于 4 195 800 元。

2. 给付安置补偿费 2 257 200 元，计算公式：209 人（安置农转非人员）乘以 1 800 元（耕地统一年产值）再乘以 6 倍（当地执行的倍数）等于2 257 200元。

现在有不知情的农民对第二项提出异议，认为该村民小组人均耕地为 1.86 亩，工业园区管理办公室在计算安置补偿费时，耕地统一年产值是按照人均 1 亩（每亩 1 800 元）计算的，而未尊重该组人均 1.86 亩耕地的具体实际，即遗漏了 0.86 亩人均耕地的补偿费。正确的计算方法是：209 人（总人口）乘以 1 800 元（耕地统一年产值）再乘以 1.86 亩（人均耕地）再乘以 6 倍（当地执行的倍数）等于 4 198 392 元。

根据该区“征收集体土地拆迁补偿安置实施办法”的有关规定，安置补偿费执行 6 倍标准。请问村民的异议是否成立？工业园区管理办公室的计算方法是否正确？

××××办公室（公章）
××××年×月×日

联系方式：（略）

第四章　倡议书与申请书

第一节　倡议书

一、倡议书概述

“倡”的含义为“带头发动、提倡”，“议”的含义为“商议、提议、建议”。带头发动、提议的行为就是倡议，将它按一定的格式形成文字，就是倡议书。发起倡议的可以是个人，也可以是群众团体；可以是某一部门、某一单位发起，也可以是某一会议之后发出。不管是个人还是群众团体，或者是部门、单位，只要认为某一事情或某项活动有必要发起倡议的，都可以运用倡议书行文。倡议书可以登报，也可以张贴在外，或者用其他传媒形式公布，以引起公众的响应，变成公众的自觉行动，从而推动社会物质文明和精神文明的建设。

倡议书是公之于众的，所写内容应该是公众普遍关注或丞待解决的问题，这样才能引起公众的关心，并且变成公众的自觉行为。行文时，内容要充分，要求要得当，措施要切实可行，最好还能带有激情，这样文章有感染力、号召力，才能动员更多的公众来参与。

二、倡议书的写法

（一）标题

标题的形式大致有四种，常见的是只写文种即“倡议书”；第二种是事由＋文种，如“‘支援失学儿童’大型活动倡议书”；第三种是倡议主体＋事由＋文种，如“××大学团委关于向‘舍己救人英雄’×××学习的倡议书”；第四种是主标题“倡议书”，另加副标题，如例文2。

（二）称呼

与一般书信写法相同。可以写有关的人，也可以写有关的组织、部门。如果倡议范围特别大，可以不写称呼。

（三）正文

正文主要写两个内容：一是倡议的理由，或者是倡议活动的作用、好处等；二是倡议事项，即倡议的内容、要求、具体做法等。

（四）结语

此部分表达倡议者的决心和希望，或者是建议或信念。

（五）署名和署时

如果标题中未点明单位名称，正文结尾右下方写上单位名称和发出倡议的日期，如果标题中已点明单位名称，此处只写日期即可。年月日需写全。

三、倡议书的写作要求

倡议书的目的是为了把自己的意见变为公众的自觉行动，所以行文时要开宗明义，明确交代意图，要动之以情，晓之以理，引起公众的共鸣，增加共同行动的可能性。另外，倡议书具有导向性、可行性。如拒绝使用一次性饭盒，于社会、环境有好处，就可发出倡议。倡议书所提出的建议、措施应切实可行，否则就是一纸空文。

例文 1

倡议书

各职工、学生及社会各界热心人士、善长仁翁：

人生 16 岁，正是花季年华，然而，一场急性白血病（M5B）却使正在就学的少女胡××处于生死边缘。她的病情经传媒的披露，引起了社会各界热心人士的高度关注，牵动了海内外人们的心。

胡××是广州市财经职业高级中学金二（1）班的学生，是一名聪明勤奋、品学兼优、尊老爱幼的独生女。去年 11 月底被确诊得了非淋巴细胞白血病。这种病医学上称为白血病之王，不仅治疗难度非常大，治疗费用也十分巨大。小胡年过半百的双亲一个从事效益不高的造船业，一个在街道工作，家庭合起来的月收入只有一千元左右。为了挽救花季少女胡××年轻的生命，帮助这个家庭走出绝境，从资金上、道义上向他们伸出援手，我们呼吁社会各界人士发扬中华民族扶弱助困的传统美德，献出友爱关切之心，积极参与、拯救花季少女的义卖活动，予以胡××各种形式的援助，形成挽救品学兼优的花季少女胡××的社会力量，使中华民族团结友爱、互帮互助的精神发扬光大！

义卖地点设在市中心各大商场，时间为本月8号至9号两天。

广州市雅善堂保健食品有限公司　　广东新中国船厂有限公司
广州市第85中学　广州市小记者协会
广州市财经职业高级中学
2000年1月7日
（2000年1月7日《广州日报》）

例文2

倡议书

——请加入“拒绝使用一次性饭盒”行列

塑料餐盒、超薄型塑料餐盒随处可见，似乎已成为一道必不可少的“风景”。我国市场目前年销售各类一次性快餐用具近100亿只，其中不可降解发泡塑料占80%，而广州平均每天使用100万个白色饭盒。“白色污染”严重泛滥。

散落在江河湖海及田野的废塑料碎片被动物及水生物误食，会导致生病、死亡，使植物生长率下降30%，严重影响农作物的生长。这种一次性饭盒在65℃高温中就会产生最高级别的致癌物质——“二恶英”。这种有毒气体即使很少量，也能使鱼鸟畸形乃至死亡，可使人体消瘦、免疫力下降、肝功能紊乱。

为了贪图方便，不顾后果地使用塑料饭盒，无疑使我们成为“白色污染”的助推者，谋杀地球的凶手，最终使人类走上“自作自受”的不归路。

值得庆幸的是，国务院“关于整治、消灭白色污染公害”和国家经贸委的有关文件已经规定：从2000年开始禁止生产和使用一次性发泡塑料快餐用具，逐步消灭“白色垃圾”对环境的污染。人类的命运，就掌握在我们自己手中。当你用一次性饭盒时，请想想“二恶英”，想想我们可爱的地球。别再犹豫，请即加入“拒绝使用一次性饭盒”的行列中来吧！

暨南大学校团委
绿色志愿者服务队
1999年12月1日

第二节　申请书

一、申请书概述

申请书是个人或集体向有关部门领导表达愿望、提出请求时使用的应用社交文书。它是个人与个人、个人与领导、下级与上级之间互相询问沟通的一种手段。个人如入党、入团、转学、调动、出国探亲或留学等，企业、事业单位向上级机关要求调拨经费、增加设备、添派专家等均可用申请书的形式向上级提出，使用范围极为广泛。

二、申请书的写法

（一）标题

标题写在文中上方居中的位置。一般直接写“申请书”，有时可加上事由，如“入党申请书”、“转学申请书”等。

（二）正文

（1）称谓。在标题下空一两行顶格写出接受申请书的组织、机关、团体、单位的名称或有关负责人的姓名。

（2）正文。这是申请书的主要部分，要写清楚所申请的事情和理由，内容较多时最好分段写，这样既保证了内容的单一性和完整性，又条分缕析，使阅读者容易把握要领。

（3）结尾。申请书可以有结尾，也可以没有结尾，视申请的内容而定。结尾可写表示致敬或要求的话。

（三）署名与署时

正文右下方写申请人或申请单位的名称，在名称下面一行写提出申请的年月日。

三、申请书的写作要求

写申请书应一文一事，申请事项要明确具体；陈述理由要简单清楚，且理由充分；情况要属实，不隐瞒或夸大；措辞要庄重、严肃、朴实；书写工整，正确使用标点符号。

例文1

申请书

尊敬的领导：

您好！我是2004级××班的学生×××，由于家庭无力筹得本学年的10 000元学费，本人提出减免申请。

我来自贫困乡村，家庭主要经济来源是农业收入。多年来，我和姐姐上学费用支出多，家里常年入不敷出，早已负债累累。为了我们的学业，我父亲在当地的农村信用合作社贷了款，我也申请了助学贷款。现在我家偿还贷款利息十分艰难。

我家生活在贫困线上，连农耕工具都买不起，年迈的父母主要靠肩挑背驮手推的古老方式耕作着。父亲早年罹患乙肝，本需安心调养，但是他怕医疗费过高，就早早地拒绝一切治疗，到现在还拖着病体劳作。每当他生气或过度劳累时就会伴随心慌气短，肚子外胀，脸色发青，面色非常难看。对此，妈妈、姐姐和我都非常担心。

由于常年劳苦耕作，父母积劳成疾，身上多处都有损伤。父亲常年腿抽筋，无法入眠，十分痛苦。又由于他患有乙肝，不能干重活，体弱的母亲就承担了家里的大部分农活，多年下来，她的手指、手腕、胳膊肘、脖颈、膝盖、脚踝等多处都有损伤，常常行动不便。我家实在拿不出钱来给父母治病。家里的绝大部分收入都用在了我姐弟俩的学杂费上。

我谨代表父母诚恳地向学校提出减免学费申请，希望校领导能切实了解和关切我家的具体状况，给予我们力所能及的最大帮助。如能如愿，我们将感激万分。

此致

敬礼

学生：×××

2007年9月18日

例文 2

申请书

××省写作学会：

本人×××，女，40 岁，××××年毕业于××大学中文系，获文学学士学位，毕业后任××杂志社编辑至今。在工作期间，考上××大学中文系现当代文学研究生，于××××年获文学硕士学位。近十多年来，本人发表散文、中长篇小说××篇，共计×××万字。现申请加入我省写作学会，以便能求教于学长同仁，盼批准。

致

礼

申请人：×××

2009 年元月×日

第五章　求职信与感谢信

第一节　求职信

一、求职信概述

求职信是求职者向有关单位或雇主推荐自己以求取职位的信。

求职信的特性首先是自荐性。求职者与单位或雇主之间从未谋面，互不相识，现要作“纸上的会见”，要善于自我推销。其次是针对性。求职者应对单位或雇主有所了解，对所求取的职位有所了解，对自己的条件有所了解，要针对自己实际能力和雇主所需职位的要求，投其所好。正所谓“知己知彼，百战不殆”。再次是竞争性。求职是一场见不到硝烟的“战争”，尤其是那些知名度高、实力雄厚的大企业、大公司，人才的竞争格外激烈，在求职信中应将自己的长处淋漓尽致、实事求是地表现出来，以求在竞争中取胜。

求职信的内容大致包括求职的原因、目标、条件三项。求职的原因即为什么会到该单位求职；目标指想干的工作，能干什么工作，在信中要写明白；条件即求职者自身总体素质的介绍，应针对求职目标，写出求职者的工作能力、主要成就和优势特长。

二、求职信的写作

求职信的格式与其他书信格式一样，一般由六个部分组成。

（一）称呼

这是对阅信人的称谓，一般用“××公司经理先生”、“××厂厂长”等，比较庄重。西方国家习惯于用“亲爱的先生”，如果知道姓名的话，还可以用“亲爱的××先生”。

（二）开头

一般私信开头是问候语，求职信中大可不必。开头写原因或目的。开头一定要简明、得体，使阅信者有兴趣看下去。

（三）正文

这是求职信写作的重点。一般包括三个方面的内容：①交代原因、目的；②介绍学历与相关经验；③阐述自己的长处和优势。尤其要注意表现自己的长处，突出对此职位有价值的成绩。如本节例文是求取市场调查员职位的求职信，侧重介绍了自己善于与陌生人打交道的特点，以及所修专业与该工作相吻合的优势与长处。

（四）结尾

主要强调求职者的愿望与要求。比如，“希望有一个面试的机会”、“静候回音”等。然后写上“此致”、“敬礼”的字样即可。

（五）附件

附件不宜过多，选最能证明自己才能的资料复印件，还可附上联系方式之类。

（六）落款

署名时可写“××大学××系学生×××”、“申请人”或“求职者”。如果文中已经介绍了自己的背景，此处只要写上姓名即可。一般的求职人员直接写姓名。姓名后加上“谨上”、“敬上”等表示礼貌的字眼。日期写在姓名下一行。

三、求职信的写作要求

求职信不仅可以反映一个人的语言水平，更是求职者性格、素质、智力等的综合体现，所以一份简洁明了、措辞得体、书写清晰的求职信对求职的成功至关重要。

第一，简洁明了。求职信的读者是求职单位的领导，一般公务繁忙，求职者众多，因此求职信要达到最大限度的简明，使对方能充分了解求职者的意图和情况。但简洁绝不是草草了事。

第二，措辞得体。求职信是通过语言来表现自己的，所以措辞要特别讲究，整个求职信的语言始终要坦率、真诚，同时也充满自信。

第三，书写清晰。文面是求职信的“外表”。一份书写清晰、格式正确的求职信给人的第一印象就好，所以不要涂涂改改，让人辨认不清。应该力求书写工整，布局美观。如果是打印，也要注意合理安排文面。

另外，有些细节也要注意：求职信不要用复印件；如果招聘者没有明言要求亲笔书写则可以用打印件；要用高质量的信封、信纸；可以随信寄去贴好邮票、写好地址和姓名的空信封，使对方便于答复。当今还可以用更便捷的通信方式如手机、电子邮箱等。如果没有留下有效的通信方式，招聘者无论怎么赏识你，也只能是望“信”兴叹。

例文

求职信

亲爱的先生：

你们的广告给一个刚走出大学校门的青年人提供了一个诱人的工作机会。我认为，再也没有什么别的工作能比你们这样有声望的机构做消费者的调查工作更好了。我把它视为良机。下面是我的一些基本情况。

我今年22岁，仪表端正，与人相处非常融洽。我善于观察，长于分析，遇事喜欢寻根究底。我机智而幽默，有逗人讲话的本领。

也许你们也认同我具备这些特长，再加上热情、有毅力和愿意苦干、实干的精神，我会被接受为你们调查部门的一个基层一线的工作人员。

我在纽约大学是专修广告和营销的，今年6月毕业。在专业课程方面，我有授课教师们写的特别推荐信，我很希望你们能看看这些信。

虽然我对消费者调查工作没有实际经验，但是我熟悉这些步骤，也完全了解以图表表示购买习惯和意向这项工作的重要意义。

附上一张写有我自己通信方式的明信片，希望您用它通知我什么时候去见您。我的电话号码是139××××××××。

您真诚的　×××（签名）

××××年×月×日

（引自张立民等《应用文大全》，江苏科学技术出版社，有改动）

第二节　感谢信

一、感谢信概述

感谢信是机关单位、企业团体或个人为感谢对方的关怀、支持或帮助而写的一种社交文书。

写作感谢信应满怀感激之情，把对方的好行为、好作风以及感人之处概括地写出来，然后表达谢意和向对方学习的决心。感谢信不仅要有感谢之意，还有赞扬之意。感谢信可以直接寄给对方或对方所在单位领导，也可以张贴在对方所在地的公共场所，还可以交给报社刊登或电台广播，将对方的好人好事广为传颂。感谢信应以第一人称叙述。

二、感谢信的写法

（一）标题

在文头写“感谢信”、“致××的感谢信”、“×××的感谢信”等字样。

（二）称谓

标题下空一行顶格写受信人称呼，可以是单位名称，也可以是个人姓名。

（三）正文

感谢信的正文大致包括两个方面的内容：一是简略地叙述对方的好行为、好作风、好事迹，在叙述过程中要将有关要素交代清楚，取材详略得当，选取最光彩照人之处来写。二是热情赞颂对方的可贵事迹以及客观影响，表达自己向对方学习的态度和决心。

（四）结束语

一般写上致敬语，表示祝福及再次表达感谢的话。

（五）署名与署时

在正文右下方写上单位或个人名称，下一行写年月日。

三、感谢信的写作要求

感谢的事实要简明扼要地介绍清楚，感谢的话语要热情、得体，要符合双方的身份。另外，感谢应该是由衷的、真诚、质朴的。

例文1

感谢信

暨南大学中旅学院并许××等八位同学：

春节期间贵学院派了许××、张×、陈××、郑××、陈××、徐××、周××、吴××等八位同学来酒店进行实习，给予了酒店工作大力支持。

在近一个月的实习中，同学们在与酒店的员工共同工作和学习生活中表现出良好的精神面貌和修养，待客热情，富有朝气，工作上勤奋好学，积极进取。用较短的时间适应了新的工作环境，并熟练掌握了酒店餐饮服务等方面的知识与技能，圆满完成了实习任务，同时也给酒店员工们留下了良好的印象。更为难能可贵的是，同学们在实习报告中给酒店餐饮工作提出了多项合理的建议，这些建议对酒店的餐饮管理工作具有很大的帮助和启发。酒店的领导非常重视同学们提出的合理化建议，并会在酒店员工中倡导这种善于思考、积极进取、开拓创新的精神，不断增强对企业的责任心和荣誉感，为塑造“×××大酒店”这一品牌而努力。

在此，对中旅学院长期以来对×××大酒店给予的支持与合作表示衷心的感谢！

祝同学们学习进步！

×××大酒店

2000 年 3 月 8 日

（载自 2000 年《暨南大学中旅学院报》第 4 期）

例文 2

感谢信

南方都市报的领导、记者们：

你们好！

首先，我衷心地感谢你们，把我拯救出来，使我脱离了苦海。六年了，“回家”二字时时萦绕在我心头，使我梦寐以求。但是，当梦想成真之日到来，迈动的脚步却又想停止下来，为什么？六年的不幸遭遇，使我从一个活泼的少女变成了一个忧愁的妇女。短短的一年，就遭受了这不平的命运折磨，走上了一条坎坷的道路。深深的责任感，始终在我脑中。可怜的孩子，他们已经失去了父亲，又要面临失去母亲的困境。如果我真的离去，那么，他们一日三餐连玉米粥都不能维持下去，将面临断餐。因为，那个家庭没有谁能供给他们吃，婆婆的年迈、公公的卧床不起，再加上大哥的坐骨神经痛、孩子的无知，构成了一个不幸的家庭，我作为这个家庭的一员，能视而不见吗？虽然，孩子我可以带回四川娘家去住，但是，我也想过，我大哥绝对不会让我带走，因为孩子在他心中重过千金。况且，他自己没有孩子，到老的时候，他需要照顾。本来，在法律上，我应该带走他们。但在道义上，我却不想带走他们，因为孩子一走，他们一家三口会痛苦不堪，将来会发生怎样的悲剧，这是我不敢想象的。

昨夜，我一夜没合眼，我想到那不幸的家庭和那可怜的孩子，曾几次流泪。解救了我一人出来，却给那个家庭蒙上了阴影，这是我很不想看到的事。所以，我希望在解救我的同时，解救一下那个不幸的家庭吧。

最后，我再次感谢南方都市报的领导、记者们以及在幕后帮助我的好心人。

一个被拐卖的妇女

2000 年 1 月 16 日

思考与练习

1. 柬帖有哪些作用？
2. 柬帖的制作要求是什么？
3. 在什么情况下需要制作聘书？
4. 聘书的写作要求是什么？
5. 介绍信的作用有哪些？
6. 介绍信的形式通常有哪两种？
7. 推荐信有什么作用？
8. 写作推荐信有哪些注意事项？
9. 倡议书有哪些写作要求？
10. 申请书的写作要求有哪些？
11. 邀请函的写作要求有哪些？
12. 写咨询函要注意哪些问题？
13. 某大学将举行庆祝建校 95 周年大会，会后有宴会招待，请为该校撰写一份请柬，并要求对方答复是否接受邀请。注明凭请柬入宴会厅。
14. 修改下面这两份请柬。

(1)

×××先生：

您好！工作一定很忙吧！

我校定于 10 月 3 日召开校友座谈会，请您做好准备，务必准时出席。此致。

敬礼！

××大学校长办公室
20××年××月×日

(2)

×××同志：

定于20××年7月25日上午12时，在××会堂召开审判大会，请准时入场并作指导。

××市中级人民法院
20××年7月20日

15. 指出下列聘书的不当之处。

聘书

兹聘请×××老师为我青春文学社顾问，聘期两年。

此敬

敬礼

青春文学社
××××年×月×日

16. 你所在系学生会准备成立一个舞蹈队，要聘请你系校文工团舞蹈队副队长张××担任艺术指导，请拟一份聘请书。

17. 张××同学考入××大学化学系，入学后才发现自己皮肤过敏，不能走进实验室，更不能动手做实验，根本无法正常学习，为此，他申请转到企管系学习，请代他写一份转系申请书给学校教务处。

18. 请根据下列招聘启事的要求写一封求职信。

精美服装公司招聘启事

本公司因业务发展的需要，特招聘以下人员：

服装设计师：2名。

广告设计师：2名。

服装推销员：2名，具有两年以上推销经验，精通一门外语。

服装模特：男，2名，身高1.80以上，相貌端正。

女，2名，身高1.70以上，相貌端正。

应聘人员请将本人简历，从事这一工作的经验、成绩、本人特长等情况写明，在×月×日内，寄往我公司，并请注明联系地址。

联系人：李生

精美服装公司

20××年×月×日

19. 假定××贫困山区不少儿童因山路崎岖，往返耗时太长，无法正常上课而失学在家，请你代××大学团委写份关于捐款修建一条便捷小道的倡议书，使失学儿童重返校园。然后以××小学重返校园学生的名义，写一封感谢信给××大学团委。

20. ××大学学生会为了引导学生正确对待网络游戏，组织了一个网络游戏爱好者社团。现该社团邀请邻校××师范大学网络游戏爱好者社团参加该社团成立大会，请代拟一份邀请函。

21. ××大学新建健身房一座，课余时间向全校师生开放，并交由××大学学生会负责日常管理。为此，要制定相应的规章制度。现请你就活动时间、器材维护、收费标准、勤工俭学人员的工作报酬、清洁卫生等有关事宜向邻校××师范大学学生会咨询，写一份咨询函。

22. 假设你在出租车上遗失了钱包，内有现金、身份证、银行卡等重要物件。正当你为此焦急万分之时，该出租车司机想方设法及时将钱包归还于你。现就上述内容给该出租车司机主管单位写一封感谢信。

第五编

网络写作

[导言]

通过本编的学习，了解当前广泛应用在计算机、手机等网络通信工具中的网络应用文写作常识，了解互联网中常见的应用文写作形态和规律，掌握在网络新媒体环境中的应用文写作基本技能。

第一章　网络写作概述

第一节　网络写作的定义及与传统应用写作的关系

一、网络写作的定义

自20世纪中叶，尤其是90年代以来，国际互联网（Internet）以计算机、手机、PDA、网络游戏机等通信娱乐设备为终端，迅速走进了大众社会生活的方方面面。各种网络通信工具和应用文书成为人们日常生活中不可或缺的信息来源和沟通工具。作为人们日常交流信息的重要交际手段，网络化、数字化的应用文写作成为应用文写作的新形态。

对于应用文写作的数字化、网络化新形态，写作理论界常会使用这几个概念来定义和描述："电脑写作"——强调了计算机作为写作新工具的"换笔"功用；"数字化写作"——强调了计算机写作作品的数字化存储、传输等新特性。这两个概念都侧重于描述网络文作的作者应用计算机工具，进行单机应用文写作的个人行为和作品形态。"网络写作"——这一概念不仅明确了网络文作发生的环境具有数字化特征，更强调了写作作品在网络传播环境中的交流和互动的特性，相比前两个概念更加"在线"，更加"互动"。因此，从应用文写作是为了交流信息这一目的出发，本章以"网络写作"的概念，作为介绍网络应用文写作和传播行为的重点。

所谓"网络写作"是指人们利用计算机、手机等网络化、数字化通信工具，进行面向公众或特定人群的在线创作、互动交流的行为。网络写作是网络互动传播的重要表现形式，网络应用文写作是网络写作的重要组成部分，网络应用文是网络传播内容的主要载体。

随着互联网技术的高速发展，各种网络互动应用不断地创新和普及，人们日常的应用文写作和交流沟通行为必将得到极大的延伸，"网络写作"这个新概念的具体内涵还在不断地变化和更新。

二、网络写作和传统应用文写作的关系

网络写作和传统应用文写作有着一脉相承的关系，可以说，网络写作是传统应用文写作行为的延伸。由于网络数字化新技术、新工具的使用，构成了新的网络传播环境，因此，两者之间也有着明显差异和区别。

从作品的体裁来看，网络文作可以包含传统应用文的所有形式和体裁，它可以是以往所有传统应用文作品的电子版，如通知、公告、邀请函等。同时，网络文作又往往表现出创作更自由、体裁更新颖等特点，网络文作不一定很讲究文体规范，不一定有完整的立意谋篇，不一定有既定的体裁模式，可以多人共同参与创作，某些网络文作不一定有清晰的体裁分类，甚至有些文作让人感觉始终处在“未完成状态”。而传统的应用文写作往往对体裁规范和文体格式有着较严格的要求。

从作品的内容来看，网络文作往往短小精悍但篇数众多、信息量更丰富，更富有创意，具有文字表述生动、贴近生活、趣味性强的特点。文作中可结合附件、超链接和多媒体等手段，使内容更形象、直观且富有感染力，多媒体化和音频、视频技术手段的广泛应用，也使得“网络写作”逐渐与“网络创作”更紧密融合。与传统应用文相比，网络文作的内容往往内在逻辑性减弱，跳跃性更强，互动沟通的内容会显得更庞杂一些。传统应用文写作通常要求采用正式的书面语言，格式需要符合既定标准，要求使用规范文字，遵照既定的约俗，遣词造句更需符合礼仪。与传统的写作相比，网络上的应用文往往不成“篇章”，更接近口语化表达，因此将其“作品”称为“文作”、“作者”称为“写手”也许更为合适。

从作品的应用及时性来看，网络文作以数字格式的电子版文件为载体，因此具有应用更实时、传递更高效、沟通互动性更强、更易保存和复制等特性。而传统应用文写作以纸张为载体，通常需应用人员面对面传递，或通过邮局、中介人送达。

第二节　网络写作的类别和特点

一、网络写作的类别

根据网络写作行为中的写作、互动构成的关系，网络写作可分为以下三种类别。

（一）离线写作

即先离线写作，后在线发布。指作者先用电脑制作、编辑好文作，再将文作发布到网络空间中去，可以是上传文作，也可以是将文作内容复制粘贴到指定的网络应用中。比如一些博客网站的软件支持离线写作，网络文作完成后，只需随时接入互联网，软件工具自动将本地文作按栏目权限发布到指定空间。这样做的好处是便于网文作者思路连贯、一气呵成，同时，对于上网条件不太好的用户可以节约上网费用，提高网络利用率。

（二）在线写作

即先登录网络，后在线写作。作者先上网登录到既定的网络社区、论坛、博客等应用中，寻找合适的栏目和文章主题，浏览已有的文作内容，再留下作者自己的文作或感言。这些文作往往是即时发布、即时生效的，但必须受到版主或网站管理员的审查，如发现不良内容，管理员有权删除。在网络虚拟社区类应用中，只浏览不发布内容的，俗称“潜水”；既浏览又发布内容的，俗称“灌水”。

（三）交互式写作

即一边在线写作，一边接受并即时反馈，进而延续在线写作的方式。这是交流实时、互动性极强的网络沟通模式。例如，即时通信类工具有 QQ、MSN、阿里旺旺、SKYPE、网易泡泡、新浪 UC 等应用。还有各种专用领域，如网络会议、远程教育、远程医疗等应用。发生在这些网络应用工具中的网络写作行为，可实现即时互动沟通，并常伴有多媒体应用。

二、网络写作的特点

与传统写作相比，网络写作具有鲜明的特点。

（一）写作过程的特点

（1）写作的自由性。被网络连通的每个人都可以随时、随地、随心地发布网络文作，网络文作的创作行为通常是即兴的、自由的，网络文作的表现内容和形式也更自由。例如，可以借用或自创各种“表情符号”、“动画图标”来表达作者的情绪，如“囧”表示窘迫的神情，“Orz”表示五体投地等，直观形象、富有想象力；还有许多网络词语由于被网民广泛传播和应用而变成了社会流行语，如“粉丝”、“PK”、“雷人”、“山寨”、“打酱油”、“俯卧撑”、“躲猫猫”，等等。

（2）个体原创性。网络文作的发布者通常是以个人身份注册的网民，而内容则是网民们的“各抒己见”，是作者某种情绪的释放和宣泄，多是原创。但由于网络文作传播便捷，这些原创作品往往很快会被转发，形成群体关注。

（3）非线性构思。由于网络写作具有即时性、互动性，其构思谋篇往往并不严谨，可能随时被中止或分支，受网民即时互动和反馈内容的影响，可能迸发出更多话题、更多主线，内容和结构在时间、空间上并不连贯。网文作者可能边写作，边得到网民们的互动反馈，即时对写作的内容进行调整。因此，网络文作的构思往往具有非线性特征。

（二）作品内容的特点

（1）发布的匿名性。网络文作可用真实姓名发表，但大多数网民在各种网络应用中均用自己的网名或“昵称”。在众多网络社区和论坛中，网络文作以匿名发布居多，如例1。

例1

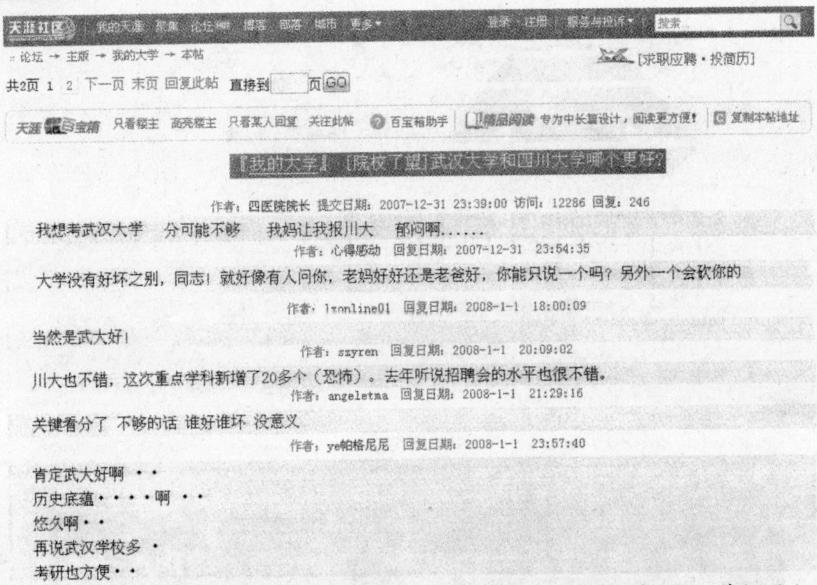

（截屏自天涯社区—论坛—我的大学板块）

（2）表达的符号化。和传统写作一样，网络文作的主要内容载体当然还是文字。但是在计算机网络环境中，除了标准的中文、英文等自然语言字符外，还有各种如国际音标、字母、制表符、数学符号、几何图形和小图标等字符和图形。富有创意的网民常利用这些元素组成新组合，赋予它们新的含义，并在网上流行开来，如用“：-）”表示微笑等。由于这些字符在计算机中被统称为ASCII码，所以也被称为“ASCII写作”、“ASCII艺术”，例

2 就是网络文作符号化表达的例子之一。符号化的表达还体现为表情图片和动漫的广泛应用，因此网络文作的内容常常“图、文、漫、符号并茂”显得“五彩缤纷”，如例 3、例 4。

例 2 ASCII 字符组成的论坛签名档、祝福传情短信

```
                 _(_)_                                   wWWWw
  @@@@          (_)@(_)  vVVVv      _       @@@@        (___)
 @@()@@ wWWWw    (_)\    (___)    _(_)_    @@()@@         Y
  @@@@  (___)        |/    Y     (_)@(_)    @@@@         \|/
   /      Y          \|   \|/     /(_)       \|           |/
\ |     \ |/          | /\ | / \|/            |/         \|
 |///  \\|///  \\\\|//\\|//\|///          \\\|//         \\|//
^^^^^^^^^^^^^^^^ 我的网名叫“校草” ^^^^^^^^^^^^^^^^
```

╔♂╗ ┌┴┐ ┌┴┐ ┌┴┐ ┌┴┐ ╔♀╗
|★| ┤新├ ┤年├ ┤快├ ┤乐├ |☆|
|☆| └┬┘ └┬┘ └┬┘ └┬┘ |★|
╚♂╝ ↘＊═恭═喜═发═财═＊↙ ╚♀╝

例 3

（截屏自腾讯 Q-Zone 空间，某大学生的个人空间）

例 4

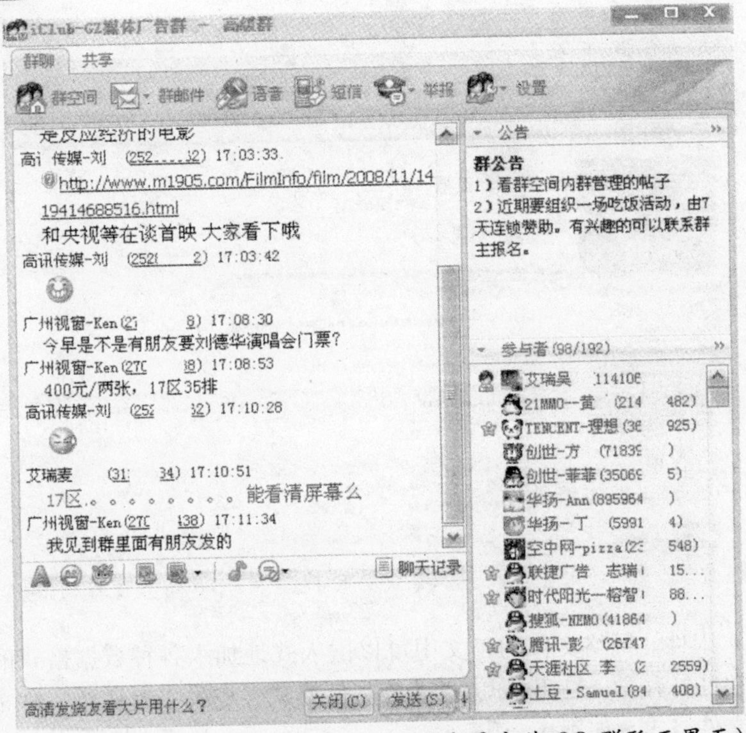

（截屏自某 QQ 群聊天界面）

（3）索引的标签化。网络文作中经常使用“标签”对全文内容进行概括描述，以便文章归类和方便读者查找。不同的是，由于计算机全文检索技术的成熟，网文读者已经不十分依赖利用“关键字”进行内容检索，网文中“标签”的作用更多的是为了提炼主题和内容归类，更可以作为“超链接”将具有相同、相似标签的文章串联起来。传统文作中的“关键字”设定需遵循严格的规定，特别是公文中的“关键字”提取规则已经上升到法定的层面，通常由作者拟定，再交主管领导审定后发布。而网络文作的“标签”设定则“民主”得多，不仅可由网文作者设定，也可由该网文的浏览者根据自己视角自由定义，且可以根据网民的点击率高低测算出某网文所有“标签”的“热度”排名，如例5。

例 5

（截屏自搜狐网—郎咸平官方博客）

（4）附件。网络文作的正文中可以嵌入式地加入各种数据格式的附加文件，常见的有 Word、Excel、PDF 等文件格式，也可以是任意一种常见的计算机文件格式，如例 6、例 7。

例 6

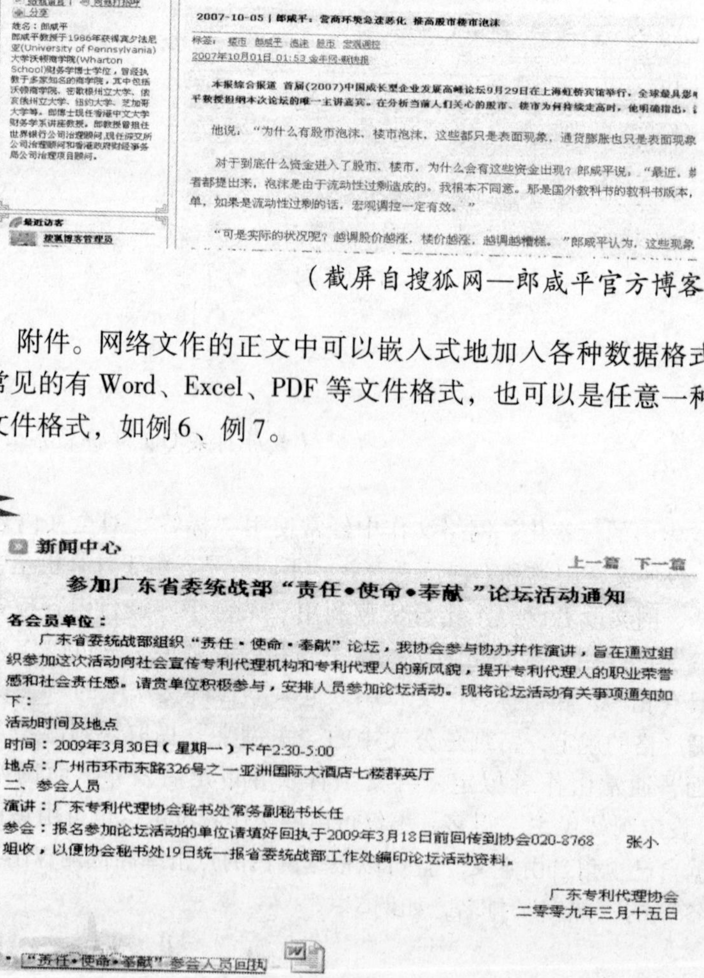

新闻中心

上一篇 下一篇

参加广东省委统战部“责任•使命•奉献”论坛活动通知

各会员单位：

广东省委统战部组织“责任・使命・奉献”论坛，我协会参与协办并作演讲，旨在通过组织参加这次活动向社会宣传专利代理机构和专利代理人的新风貌，提升专利代理人的职业荣誉感和社会责任感。请贵单位积极参与，安排人员参加论坛活动。现将论坛活动有关事项通知如下：

活动时间及地点

时间：2009年3月30日（星期一）下午2:30-5:00

地点：广州市环市东路326号之一亚洲国际大酒店七楼群英厅

二、参会人员

演讲：广东专利代理协会秘书处常务副秘书长任

参会：报名参加论坛活动的单位请填好回执于2009年3月18日前回传到协会020-8768　　张小姐收，以便协会秘书处19日统一报省委统战部工作处编印论坛活动资料。

广东专利代理协会

二零零九年三月十五日

·“责任•使命•奉献”参会人员回执

（截屏自广东专利代理协会官方网站）

例7

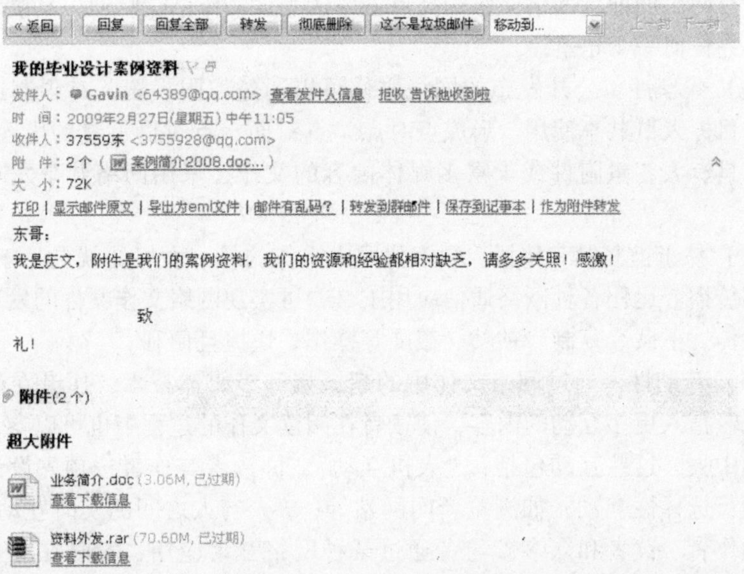

（截屏自 Foxmail 邮箱系统）

（5）超链接。在网络文作中，无论文字或图片均有可能加上与正文内容相关的参考文件的链接地址，使读者可以点击该链接就了解到相关内容的资料。所以说，读者对网络文作的阅读往往也是非线性的，如例5、例6。

（6）多媒体。图片、音频、动画、视频等内容已经广泛地融入到网络文作的内容创作中，多媒体内容的展现使得网络文作更直观，更具有感染力，如例3。

此外，网络文作的标题通常更加追求“语不惊人死不休”的效果，目的是能在众多的网文中吸引网民们的眼球，提高网文的点击率。

（三）作品的传播特点

（1）平等性。网络世界，人人平等。在网络空间中，人们在真实世界中的社会地位和话语权等属性被弱化。个人化、个性化文作内容通过匿名发布机制，使人们在网络空间中畅所欲言。网络文作可以是“自言自语”、“群言群语”甚至“胡言乱语”，它们宣泄着作者的情绪，各自寻找各自的读者群体。在网络环境中，文作的话题互动过程往往没有绝对的话语核心。“草根”和“民主”是网络写作的精神实质，也是大众交流沟通行为状况和水平的真实反映。

（2）开放性。国际互联网的内容传播没有国家、民族、地域和文化的限制。理论上，在互联网上发布的网络文作，从发布之日起，即被展示在全世界所有网民面前。网络文作的高点击率代表该文作广受欢迎，其读者可能遍布世界任何一个角落。

（3）共享性。公开发布的网络文作可以通过权限设置，有限制或无限制地供目标人群共享使用，形成点对点、点对面、点对群重复的内容传播，特别是具有大容量附件或丰富多媒体内容的文作，采用网络共享发布更显优势。

（4）易于被复制和传播。数字化网络文作的另一大好处就是易于存储、复制和传播。运用各种网络通信应用工具，可实现网络文作文件的发送、发布、上传、下载、复制、粘贴、截屏等操作，快捷且便利。

（5）互动性。通过网络文作中的超链接和多媒体技术，作者在创作过程中可以植入更多互动的内容，使读者在阅读文作的过程中也可以参与到这些互动中去。这些互动包括："人机互动"，即读者与作者按预先设计好的内容进行选择性互动，如浏览新闻网站等；"人与人之间的实时互动"，即文作的作者、读者和众多参与者通过某种网络互动应用，实时在线互动沟通，这种互动的内容有时被发布展示在公众面前，以引起进一步的互动，如QQ 聊天等。这些以文字图片为主要载体的互动沟通行为都属于网络写作行为，如论坛和博客应用。某些互动沟通内容不一定以文字图片等形式保存或发布出来，因此不属于网络写作的范畴，如网络语音聊天、网络视频电话等。

第三节　网络写作的技术和资源基础

从传统写作以纸和笔为工具到计算机写作以各种应用软件为工具，在互联网环境中写作，必须具备一些最基础的计算机和网络应用知识。

网络写作的技术基础和应用知识包括：

一、计算机硬件和网络接入知识

（一）硬件知识

首先，网络文作的作者应当对个人计算机的工作原理和基本设备有一定的认识。个人计算机大致由以下各种部件组成：

（1）中央处理器（CPU）：相当于承担计算任务中的"工人"。

（2）内存、显卡：相当于"工人"工作的"车间"。

(3) 硬盘、软盘、U 盘等存储设备：用于存放文件的“仓库”。

(4) 键盘、鼠标、显示器等外部设备：用于计算机与人的操作接口。

(5) 主机板：相当于整合整个“工厂”的“厂区”，是计算机所有设备联合工作的“场地”。

(二) 网络接入知识

计算机接入互联网，需要对网络设备也有基本了解：

(1) 有线网卡、无线网卡：互联网接入设备，通常已整合在计算机主机板上，也有需要另插卡才能使用的。

(2) 宽带接入设备：常见的有电信 ADSL 路由器、视讯宽带路由器或高教校园网交换机等，这些设备与操作者的网卡连接即实现了网络硬件接入。

(3) 网络接入的相关配置：互联网是基于 TCP/IP 协议进行网络数据传输的，个人计算机接入互联网需要设置宽带网关、本机 IP 地址和 DNS 解析服务地址等。初次操作请按电信等接入提供商的说明书配置。如无故障和突发情况一般不需要更改接入配置。也有无须用户任何配置即可实现网络接入的，如宾馆、超市、机场等公众场合。

写作者如果对这些硬件设备的大致工作原理、品牌、型号、性能比较熟悉，将有利于网络写作的顺利进行。

二、计算机软件应用知识

有了计算机设备的支持，我们就可以通过操作系统和应用软件提供的各种功能，实现网络写作。

(一) 个人电脑操作系统

它定义了人们与计算机之间的操作规范。目前常见的是微软公司的 Windows 操作系统，用户应该对其中如“窗口”、“文件”、“路径”等基本概念有清晰的理解，熟悉键盘输入的规范，至少熟练掌握一种文字输入法，对鼠标的“单击”、“双击”、“右键菜单”等操作须熟练掌握。

(二) 写作相关应用软件

应用软件是完成计算机写作的工具，它们通常被安装在本地计算机上。目前，常见的写作软件有微软公司的 Office 办公套件、金山 WPS 办公套件等。以 Office 为例，这个软件包中有文字处理工具 Word、电子表格工具 Excel、幻灯片制作工具 PowerPoint 等，它们处理产生的文件分别以 .doc、.xls、.ppt 为后缀的格式文件存储。同类软件还有 IBM 的 SmartSuite、写作之星等。为了编辑制作出图文并茂、富有多媒体和超链接功能的网络文作，作者最好还能初步掌握 Photoshop、ACDsee、美图秀秀等图片处理工具，初步了解 html 超文本置标语言、Dreamweaver 和 FrontPage 等网页编辑制作工具以及 Flash 动画、视频制作等基础知识。

（三）网络应用软件

即实现计算机上网的相关工具软件。写作者需熟悉网络浏览器的基本操作，目前常见的有微软公司的 InternetExplorer 浏览器，简称 IE。一些常用网络应用软件可另行安装，如聊天工具 QQ、MSN，电子邮件工具 Outlook、Foxmail 等。

（四）收集写作素材的网络应用

通过各种网络应用，写作者可以获得大量的信息，这是网络写作的资源基础。

“搜索引擎”是网络写作者必须掌握的工具，它帮助人们在海量的网络文献中检索出想要的参考资料。搜索引擎收录了几乎全球所有网站中公开发布的信息资料，利用关键字（Key word）或关键字组合，写作者可以从浩如烟海的互联网信息中发现对自己写作有利的参考资料。为了更精确地找到自己想要的内容，选择最合适、最精准的关键字组合进行检索查询，可以提高检索命中率，这是网络写作者必须掌握的搜索引擎应用技巧。百度（Baidu）、谷歌（Google）是目前我国网民最常使用的搜索引擎工具网站。

如果想找的资料在一般的网络搜索引擎中依然没有找到，也许要到一些更专业的网站中注册成为会员，甚至需付费才能到某些行业数据库中进行文献查找。如“超星”、“方正”公司的浏览工具可以帮助查阅全国出版社和图书馆的文献资料。在“中国知网”、“万方数据”等网站中可付费阅读、下载全国学术期刊和优秀博士、硕士论文等。一些专利文献、法律文献需到专门提供相关信息的网站中注册后方可申请阅读。

此外，为了让写作者方便订阅一些网站中的指定内容，定制并自动收集个性化文章，管理自己喜欢的网文，可使用 RSS 内容聚合工具进行内容订阅，或利用“网文快捕”等小工具软件将喜欢的网文抓取存储到本地，以便进一步整理阅读。

对于想收集的写作教材，如果仍然没有找到现成的最理想的答案，还可以利用各种网络互动应用向广大网友或指定人群求助，常见的应用有：“求问题答案”类，如百度知道、QQ 问问等；“众说纷纭”类，即通过将问题发布于各种专题 BBS 论坛、虚拟社区、维基百科等网站，向网友征求对问题或话题的解答。

当然，还可以目标明确地向某个人或某群组进行针对性很强的信息互动，如通过电子邮件、QQ 聊天等直接向特定的人询问，获知信息。

通过以上网络应用工具的使用，网络文作素材资源可得到快速的积累和整理，为作者创作提供思路。网络互动的过程有助于作者寻找写作的灵感，点燃思想的火花。下一章将详细介绍上述常见的网络应用。

第四节　网络写作特性的技术实现和注意事项

如果说以上介绍的相关知识是网络写作的技术和资源前提，那么以下介绍的各种技术操作，就是网络写作的过程。

一、文字图片的录入和排版

中英文字符录入的主要工具是键盘，常见的汉字键盘输入法有“五笔字型”、“全拼/双拼”、流行于港台地区的“仓颉”等，也可采用扫描识别、手写识别或语音录入等方法。

以 Microsoft Word 为例，文字和图片被录入保存为 .doc 文件后，需要对文章进行格式排版，网文作者需要掌握一些常用的功能，包括标尺对齐、文本查找替换、表格制作、数字排序、图文处理等。如遇到公文、标书、毕业论文等具有较高格式规范要求的文档，还需掌握文本样式定义、制作文档结构图、目录制作、页眉页脚制作、上标下标、脚注尾注、批注标注等功能。

在排版的过程中，乱加空格和回车对文章内容进行版面调整是不可取的坏习惯，正确的做法是善用各种对齐工具，通过调整字符间距、行距和段距、增加表格、文本框、图片框等功能调整文档的版面形式。

在正文打印的时候，还需要注意页面设置中页边距等细节的调整，使用打印预览功能确认版面格式，减少纸张浪费。

二、附件

网络文作的正文内容往往需依照特定网络应用给出的既定格式进行填写操作，例如撰写电子邮件，须填写“收件人”、“抄送”、“主题”、“正文”、“附件”等字段。传统写作中作品的附件是以纸张附加在正文之后，而网络文作的附件则是以“图标”的形式，将数码文件嵌入正文之中，上传附件的相关操作应依照各种网络应用的具体说明和操作指南。

注意附件文件所占的存储空间应尽可能小，这是因为一方面有些网络应用对附件的大小可能有限制，另一方面附件过大会增加收件人下载的压力。

三、超链接

网络文作中带有超链接的文字往往会在其下方标注有下划线，文字的颜色也和一般文字有区别，鼠标经过该超链接时会提示“可点击”的指针形状。如“给我留言请点击我的新浪博客http：//blog. sina. com. cn/tonny”。可以在网络文作中任意文字或图片上定义超链接，以便浏览者点击。这种带有超链接的文件被称为超文本。定义超链接，即给出由此跳转的另一个页面的“网址”，学名为“统一资源定位器（URL）”，通常由形如“http：//www. abcd. com/xxx. html”的字符串构成，这里的“http”是指超文本传输协议，网络中网页内容的传输大多是通过超文本传输协议实现的，“abcd. com”是网站域名，“www”是该域名下的主机名，“xxx. html”是网页在该主机下的路径名和文件名。

写作者在文作中如需制作超链接，最好能对html网页制作知识有初步的了解，以便在链接失败时检查错误的原因。现在许多网络写作软件中增加了自动为网址类字符串增加超链接的功能，例如在Microsoft Word环境中，写作者但凡编辑带有“http”、“www”或“. com”等字样的字符串，Word则自动为该字符串添加相应的地址链接。

四、多媒体

互联网中的图片、动画、音频、视频等信息十分丰富，已成为网络文作中的重要内容。常见的音频、视频文件格式包括：. wmv、. mp3、. mp4、. rm、. avi、. flv等。

考虑到多媒体的表现手段并非网络文作必须具备的内容，且由于各种多媒体文件制作的技术性强，文件格式众多，本书不详细介绍它们的制作过程。具体的制作方法请参考各种文件格式的制作工具指南教程。

当前，多媒体文件的制作技术门槛越来越低，很多“傻瓜化”的制作工具已经可以让并不精通网络技术的普通网民轻松制作出精彩的图文、动画、视频并茂的多媒体文作，例如网易相册可以在线制作幻灯片、腾讯Q-Zone中可以轻松地制作“动感影集”等。

对以上计算机网络软硬件和写作类应用软件知识的掌握，是我们进行网络写作的技术基础和资源储备，需要网文作者在不断的操作实践中积累应用经验和资源素材。

第五节　学习网络写作的意义和文明原则

一、学习网络写作的意义

当今信息时代，国际互联网已是全球信息资源的集大成者，海量的信息正式或非正式地被发布出来，供网民检索、参考和应用，十分便捷。随着网络应用人群的高速增长，更多的信息内容将在互联网上得到共享。据权威机构统计，截至2009年第一季度，我国网民数量已达约3.2亿，排名首次跃升到世界第一；全球具有独立域名的中文网站大约160万个，中文个人博客约4 000多万个，手机互联网用户超过6 000万人。可以说，国际互联网是会聚民智的知识大宝库，也是每个网民都可以随时连通的多媒体互动通信工具。在互联网上，除了具有较高密级和受法律保护的非公开信息外，各知识领域的信息资料几乎都可以被无偿或有偿地共享使用，国际互联网是现代人获知和发布信息的重要渠道和新媒体平台。

面对计算机网络环境中的写作，我们需注意克服两种心态：一是“敬畏”心理，认为计算机网络是高科技的产物，非常神奇，非常难以掌握，因此对学习新知识有畏难情绪，这种情绪常见于年纪偏大的使用者；二是“乐观”心理，认为有了计算机网络，什么事情都只需双击鼠标就可轻松“搞定”，高效而万能，这同样是不可取的。

实际上，当今计算机网络的各种应用设计越来越人性化、直观化，只要掌握基础操作知识，驾驭网络工具并不是一件困难的事情，许多中小学生都可以轻松自如操作各种计算机。同时，计算机应用入门容易精通难，以网络写作为例，正因为计算机网络写作应用的普及，人们对撰写、排版的要求和标准也比传统的纸质写作年代高了许多，因此操作者需要具备更多的计算机应用知识，才能编写出高质量高标准的网络文作。学习网络写作，可以说是“入门极易，精通则难”，总之，应以正确的心态迎接网络写作时代的来临，扎实掌握基础技术概念，多操作、多尝试、多交流、多借鉴，才能真正融入计算机网络写作环境之中，使计算机互联网工具真正为我所用。

当今社会对现代化人才的要求越来越高，其中，对信息的获知和处理能力是高素质人才必须具备的重要技能之一。在现代人的生活中，学习、工作、消费、娱乐、社交等方方面面均离不开互联网，各种网络通信和媒体工具占据了人们的生活空间和时间。熟悉各种网络应用工具，熟练掌握网络写作技能，是现代人生存的必备素质之一。

青年学生是社会高级人才的储备，熟练掌握互联网这一现代化的通信媒体工具，适应信息时代的要求，熟练掌握网络应用文写作技能是十分必要的。

二、网络写作的文明原则

网络写作便捷随意，又具有匿名性和隐蔽性。对于发生在虚拟空间中的各种网络行为，目前在管理模式和法律制度建设方面还处于起步阶段。时常发生类似“语言暴力”、“人肉搜索”等带有恶意动机的不良网络行为，通过网络传播的累加效应，已经对现实社会产生了不可忽视的危害。

网络写作应当遵守文明原则，虚拟空间同样是现实社会的反映。己所不欲，勿施于人，相互尊重，和谐共存，这是每个网民应该谨记的原则。网络写作者还应该做到自觉尊重他人名誉权、隐私权等各种公民合法权益，尊重网络文作的著作权，做一个文明守法的高素质网民。

本章概况性地分析了网络写作的定义、特征、类别和原则等问题，简略介绍了网络写作必须具备的技术和资源基础。下一章，我们将分类详细介绍各种网络写作应用的表现形式、使用特点和注意事项。

第二章　网络写作主要应用

第一节　网络写作的应用类别和特点

网络写作并没有严格的文体体裁和格式要求，它的使用规范与相应的网络应用工具的功能设计密切相关。可以说，网络应用工具的形态决定了网络应用文的文种、格式和表现形态。

网络写作中常见应用的“文种”有：门户等网站上发布的“新闻”、“公告”、“帖子”，电子邮箱应用中的“电子邮件”和“名片”，论坛和社区类应用中的“帖子”和“签名档”，个人主页空间中的“纸条”、“消息”、“留言板”，博客和播客中的“帖子”，威客中的“任务”、“项目”、“帖子”，维基应用中的“条目”，即时通信类聊天工具中的“消息”、“表情”，手机短信应用中的“消息”、“信息”、“段子”，手机多媒体信息应用中的“彩信”等。

以网络互动沟通的方式划分，各种与网络写作相关的应用工具和应用文作大致可归纳分类如下：

应用类别	传播特点	互动方式
手机短信、彩信	点对点、点对群，即网民个体之间的即时互动沟通	发送、回复、群发
电子邮箱	点对点、点对群，即面向特定个人或人群的发送	发送、回复、转发、群发
网站内容发布	点对众、点对群，即面向大众或特别人群的公开发布	发布、留言、跟帖、转载
论坛社区	点对群、点对众，即面向公众的群体发言	发布、留言、跟帖、引用、转载

（续上表）

应用类别	传播特点	互动方式
个人主页空间、博客、播客	点对群、点对众，即面向公众的个人发言	发布、留言、跟帖
威客、维基	点对群、点对众，即某些人群面向公众的，针对某特定任务或知识点的竞标或发言	发布、应标、跟帖
即时通信	点对点、点对群，即网民个体之间或面向群组的实时互动沟通	发送、回复、群发、公聊、私聊

各种网络应用中都有网络写作的用武之地，网络文作在各种网络应用之间又有交叉融合，使得网络文作可相互链接、引用、复制、粘贴、转载、截屏等。可以预见，随着互联网上各种应用工具在功能和表现形态上的不断创新，更多与网络写作相关的网络应用还将层出不穷地涌现并普及。

第二节　网站内容发布

一、网站内容发布应用概述

网站内容的发布是网络写作最常见的应用之一，网络新闻和资讯是众多门户类网站的主要内容，也是各机构、组织、企业乃至个人官方网站上的主要内容。可以说，在当今社会，几乎所有重视互联网作用的机构或个人都拥有自己的网站。国内知名的综合信息门户类网站有新浪、搜狐、网易、腾讯、Tom. com、21cn. com 等。各类专业、专有信息则多见于相应的机构网站上，如北京奥运官方网站专门发布北京奥组委的官方信息，专利所有权信息应以专利主管机构的官方网站信息为准。

网站内容发布大致分两个步骤，首先需要作者撰写、编辑、排版网络文作，然后通过网站后台的内容管理平台进行再编辑、排版和发布，或将其制作成网页格式文件，设定好链接地址，上传到指定的网络空间中去。

官方网站发布的网络文作往往信息来源正规，格式规范，常见内容主要有新闻、通知、公告、声明、报告、倡议书等，可以是任意一种传统应用文写作的文体的“电子版”、“网页版”。因此，这些网络文作除了遵循传统应用文写作的规范，也同时具有网络文作的写作特征，如上章例6。

二、网站内容发布应用入门

网络写作者因工作需要，如有机会成为某机构、个人官方网站的版主或后台管理员，那么不仅应学习在本地计算机上撰写、编辑电子文档，也应该了解网站构成和网页制作的基本知识，最好能了解 html 语言，能够使用 Dreamweaver、FrontPage 等网络制作工具编制网页。同时，熟练掌握本网站后台的内容管理平台，熟悉网文发布、排版、超链接、插入附件、阅读权限管理等功能。

不熟悉网页制作的网文发布者也可以使用本地或网页中提供的发布工具来实现排版制作，如先用 Word 排版后再粘贴到网页中。但 doc 格式文件与 html 网页文件是有区别的，上传发布到网站时，应注意以下事项：

（1）Word 环境中的排版功能比一般网页所能实现的强大，因此，如果把使用 Word 排版的内容直接粘贴到网页中，有些排版格式可能会丢失，因为网页不一定支持这些排版格式，这时候需要网站管理员手动再编辑或调整一下。

（2）保存在本地的 Word 文档中的文字字符可以直接粘贴到网页中，但图片等多媒体内容不能直接粘贴到网页中，需要分别单独上传后，将图片等多媒体内容以超链接形式嵌入网页中，才能使得网页中显示的内容和原来 Word 文档中的内容一致。

（3）为提高网页的访问速度，节省传输时间，网页中常用的图片等多媒体文件格式都必须是经过压缩处理的，例如图片文件最好采用 .jpg、.gif 格式，音频文件最好采用 .midi、.mp3、.wmv 格式，视频文件最好采用 .fla、.rm、.3gp 格式等。

第三节　即时通信

一、即时通信应用概述

即时通信应用称为 IM（Instant Message），早期流行的 IM 应用是国外的 ICQ，最初的功能是可以使网友之间通过文字、字符、表情图片进行“你一言我一语”式的即时互动沟通。IM 能让网友迅速地在网上找到朋友或工作伙伴，可以实时交谈和互传信息。现在不少 IM 软件还集成了文件交换、语音聊天、网络会议、电子邮件的功能。我国流行的 IM 应用工具主要有腾讯公司的 OICQ 即 QQ、微软公司的 MSN、Yahoo Messenger、阿里巴巴公司的阿里旺旺、新浪 UC、Tom 公司的 Skype、网易泡泡、中国移动的飞信等，如上章例 4。

二、即时通信应用入门

IM 工具使用简便，用户只需在本机安装成功，注册后即可使用。用户之间互加好友或加入某个聊天群组，即可实现即时沟通，操作技术门槛较低，只要会打字，就可与好友进行文字聊天。

在 IM 工具中的网络文作以“点对点”聊天形式居多，也有成篇的文作分享。聊天内容具有一定私密性，群组聊天的内容在本群内则是公开的。聊天内容被保存在用户本机，一般不会成文发布，时效性很强，容易丢失。

在 IM 聊天工具中，除文字以外，字符、表情、图片、动漫和视频等被广泛使用，网民的言论和心情通过这些手段符号化地传递着。如上章提及的“囧”和“Orz”，如用“☺”等动漫表情符号表示喜怒哀乐等情绪，如由各种字符创意组合形成“火星文”等。网民在 IM 工具中不断玩出新花样，如在网名昵称的前面加上字符“艹”，即“头插草标”，表示当前本人正处于找工作或准备跳槽状态。又如在签名档的位置上用一句话描述本人当前的心情、心态等，这一功能在 MSN 中叫“签名档”，在 QQ 中叫“QQ 滔滔心情”。

有些 IM 工具不仅可以实现网络用户计算机与各计算机之间的互联互通，还可以与其他类型的网络终端进行互通。例如，Skype 可实现计算机与传统电话用户间的语音互通，即通过计算机网络给固定电话和手机打电话。移动飞信可以将聊天内容从计算机发送到用户手机上，实现网络计算机与手机短信之间的信息互通。

随着应用人群的日益广泛，现在的 IM 工具已经整合了各种网络应用，如 QQ 门户、QQ 空间、QQ 邮箱、QQ 股票、QQ 音乐、QQ 游戏等。IM 即时通信工具已经成为网民必备的工具，也是网文作者对外联络必不可少的网络应用。

第四节　短信和电子邮件

短信应用在手机上，电子邮件则主要应用在个人电脑上，短信通过移动无线网络发送，电子邮件则可以通过有线或无线网络接通。这两类应用具有很多相似之处：首先，它们都是面向网民个人的网络应用，都需用户注册，功能都绑定在固定账号上。其次，通常都是点对点的发送或点对群的发送，发送的内容一般都不公之于众。

一、短信应用入门

手机短信是移动通信供应商提供的最受用户欢迎的通信服务之一，操作简便，短小精悍，资费低廉，便携性佳。自问世约十年来迅速风行，当前，我国每年手机短信发送量已经达到几千亿条以上。

短信将文学延伸到了手机屏幕的方寸之间，融入到百姓生活的方方面面。一时间，“短信文学”成为时尚的写作形式，“短信写手”成为时尚的职业。由于短信的内容大多是用户使用手机键盘输入，所以也被称为“拇指文学”。短信除了可以相互通告“信息”、传播“消息”，还常被用来编写“段子”，或诙谐幽默，或诚挚祝福，或调侃讽刺，或真诚告白。内容生动、形式多样、趣味性强，为大众喜闻乐见。例如：

（1）诚挚祝福型：“人生无须惊天动地，快乐就好。朋友无需遍及天下，有你就好！感谢过去的相助，珍惜现在的情谊，期待明天的相聚！Happy 牛 year！”

（2）诙谐幽默型：“马恩开卷，列宁开炮；泽东开国，小平开放；老江开发，锦涛开创；奥运开幕，神七开舱；阿扁开庭，加沙开火；布什开路，祝你开心！”

（3）调侃讽刺型：“不会喝酒，前途没有；一喝九两，重点培养；只喝饮料，领导不要；能喝不输，领导秘书；一喝就倒，官位难保；长喝嫌少，人才难找；一半就跑，升官还早；全程领跑，未来领导。”

（4）真诚告白型：“想你成歌，飞扬；想你成河，流淌；想你成云，飘荡；想你成吻，舒畅。想你不是一个定格，想你永恒。”

短信的内容常常具有诗歌的韵味、散文的意境、杂文的色彩。优秀的短信文作可以使人们的情感交流随时、随地、随心，为繁忙劳碌的大众带来快乐和感动，呈现出较高的审美情趣和创作水平。

纯文字短信的长度为每条 70 个中文字符或 140 个英文字符，超长短信按单位长度的倍数计算。我国提供移动通信的供应商有移动、联通、电信三家，短信可以跨网互发。

手机中的多媒体信息——“彩信”的信息量大，没有字符数量的限制，且可以添加音频、动画、视频等内容，但制作略显复杂，不作详细介绍。“手机报”是当前彩信的主要应用。

短信的创作和转发虽然趣味十足，但要注意内容健康，遵守法律和社会道德规范，不能进行广告骚扰，不能造谣传谣。反动或不雅的短信内容如果流传开去，会对社会造成极不良的影响，严重的会触犯法律而受到相应处罚。

二、电子邮件应用入门

电子邮箱服务是互联网提供给网民的最早、最成熟的服务之一，电子邮箱中收发的信息称为电子邮件（E-mail）。网民可以将自己的任何电子文件通过提供 E-mail 服务的“邮局”，从一个邮箱账号发送到另一个或多个邮箱账号中。

用户首先要向提供电子邮箱服务的网站申请一个唯一的邮箱地址，类似在邮局租用一个专用信箱，形如：zhubajie@ 21cn. com。这里“@”是域名分隔符，代表英文中的 at（意为“在”），表示在 21cn. com 的邮箱系统注册的用户名“zhubajie”，“@”后面的域名指提供电子邮箱网络服务的供应商。国内外比较常见的包括 yahoo. com、hotmail. com、live. com、msn. com、gmail. com 和 sina. com、sohu. com、163. com、tom. com、21cn. com、QQ. com、263. com、126. com、yeah. net 等。目前，大部分电子邮箱服务都是免费的。“@”前面是用户在该邮箱系统中注册的唯一的个性化名称，热门名称先注册先得。电子邮件的命名长度不能超过 20 个字符，字符允许使用英文字母、数字、下划线“_”、中划线“-”和下逗点“.”，用户名的首个字母必须是英文字母或者数字，用户名不区分大小写。

电子邮件可以在两种环境中使用操作：一是直接用浏览器登录到电子邮箱网站上，在 Web 环境中直接操作，大多数邮箱服务商都提供 Webmail 服务。二是在本地计算机上安装专门的电子邮箱软件，如微软的 Outlook 或 QQ 的 Foxmail 等。在 Web 环境中操作收发 E-mail 的好处是，无论走到哪里、用哪台计算机上网，操作界面都是一致的，都可以访问邮箱中的邮件。缺点是在线操作需要耗费较多的上网时间。用本地安装的专用 E-mail 软件操作的好处是，可以将邮件收到本机保存后做进一步处理，离线撰写 E-mail 后再上线操作，节省上线时间，操作效率更高。缺点是如果不在服务器上保留原件，本地收存邮件后，换了电脑就找不到以前的邮件。

电子邮件的内容由表头（header）和主体（body）构成，使用时应注意内容格式规范。

（一）表头

表头记录了邮件传输的状态信息，包含了邮件传输和递送的相关指令。

主要包括：

（1）寄信人（From：由电子邮件程序自动生成）

（2）收信人（To：收信人地址，一个或多个）

（3）抄送地址（Cc：可以多个，用“；”或“，”分隔）

（4）密送地址（Bcc：可以多个，用“；”或“，”分隔）

（5）信件主题（Subject：由发信人填写）

（6）信件寄出日期（Date：由程序自动添加）

（7）信件传输路径（Received：由网络设备自动记录）

（8）传输协议、操作软件名称、版本、邮件字符编码方式等（由系统自动记录）。

以上各项内容，只有“收信人”是必须填写的，其他不填也无碍操作。“抄送地址”和“密送地址”的区别在于，“密送地址”中填写的收信人 E-mail 地址将不会被所有收到该邮件的用户看到。注意：所有电子邮件地址以及中间的“；”或“，”等分隔符号均不能采用中文或全角字符，否则系统将无法识别而导致出错。用户也可以将一个完整的 E-mail 地址添加到“地址簿”或“名片夹”中去，在选取邮箱地址时直接从“地址簿”中点选更快捷方便。

以下是一个完整的电子邮件表头实例：

发件人（from）："丁丁"　<dingding@163. com>

收件人（To）："易建联"　<yijianlian121@ sina. com>

抄送（Cc）："姚明"　<yaoming123@ tom. com>

密送（Bcc）："刘小翔"　<liuxiaoxiang@ gmail. com>

日期（Date）：Thu，20 Jul 2008 12：23：56 +0800

主题（Subject）：来自祖国大陆粉丝的祝福

（二）主体

邮件主体指信件内容。邮件主体包括正文和附件两部分。

正文没有格式限制，内容可以与传统邮件的结构和写法相同，即包括对方称呼、问候语、正文、祝颂语、署名与日期。个人邮件可附加发件人署名档，商务邮件可附加发件人的电子名片；也可将较为常用的固定内容做成信件模板，将自己的联络方式等信息制作成“电子名片”，需要时调用。

电子邮件的附件可以是任意一种事先已经存在的电子文件，常见的格式包括 . txt、. doc、. xls、. ppt、. pdf、. jpg、. mp3 等，内容可以是文字、图片、动画、音频、视频等。邮件的附件存储大小要尽量小，附件较多时建议打包压缩成一个文件包，要避免超大容量的附件引起网络阻塞。

邮件正文和附件可以同时存在，也可以单独呈现，甚至没有内容也能成功发出，只要收件人邮箱地址有效即可。在发送带附件的邮件时，要注意在附件添加成功后方可发出，否则收件人查收不到附件，如上章例7。

（三）注意事项

（1）保证邮箱密码安全，避免他人盗用。

（2）发出重要邮件后，最好再用电话或其他途径提醒收件人及时收取，以免收件人长期不开邮箱，延误要事。

（3）收到别人的电子邮件要及时回复。

（4）发送的附件最好经过杀毒软件监测，以免传播病毒。

（5）传送有用信息，不乱发垃圾邮件。

（6）收到不明身份者发来的邮件，不要轻易打开或下载附件，以免被病毒传染，应及时删除。收到垃圾邮件也需及时清除，以免占用邮箱空间。

（7）在电子邮件的正文部分不要过多地使用复杂排版和多媒体内容，以免对方的电脑不能正确显示，影响表达的效果。

（8）如果向境外发送邮件，最好使用英文。如需发送中文邮件，为避免对方显示时出现乱码，最好注明自己使用的中文汉字编码系统，如 Simple chinese、GBK 或 BIG5，以便对方切换字符编码系统后正常阅读。

当前，手机正在走向3G应用时代，电子邮件也越来越广泛地成为手机增值应用之一。短信、彩信和电子邮件将成为网民之间随时发送消息、传情达意和传递文件的主要工具。

第五节　论坛和虚拟社区

一、论坛和虚拟社区应用概述

网络论坛和虚拟社区是网络写作的主要应用载体之一。论坛又名 BBS（Bulletin Board System 电子公告板或 Bulletin Board Service 公告板服务）。就像生活中的黑板报一样，论坛提供给网民公共的电子白板，每个用户都可以在上面书写，或发布信息，或提出看法。

论坛以“帖子”为基本写作单元，以某个特定的新闻主题或话题为主线，将网民就该主题发表的“跟帖”罗列在该主题之下。这种网文发布和组织形态从互联网早期应用延续至今，经久不衰。从“电子公告板”这个名字可以看出，“帖子”内容的公开性是它的最主要特征。

二、论坛和虚拟社区应用入门

论坛一般要求网民注册成为论坛合法用户，由论坛管理员或版主分配各用户的读、写等操作权限。网民进入某论坛，可以看到由管理员设置好的各种分门别类的“讨论区”和“兴趣组”，各种主题的“帖子”按发布时序或热门程度排列，网友可以就自己喜欢的主题进入某个“主题帖”，浏览其他网友对这个主题发布的“跟帖”（称为“潜水”），也可以自己发布内容（称为“灌水”）。占据第一跟帖位置，叫“抢沙发”；热门帖子被收纳到精华区，叫“置顶”；帖子与帖子之间按发布时序上下排列，叫“楼上”、“楼下”，如上章例1。

论坛中，众多网友在管理员和版主的引导下，围绕各主题展开讨论，各抒己见，就像是开设在虚拟空间的公开的“会议室”，但这个“会议室”的发言人并不要求同时在场，留下帖子即可。论坛通常按照不同的主题分为许多版块，版块的设立大多数是依照用户的要求和喜好，用户可以阅读别人关于某个主题的看法，也可以将自己的想法随时发“帖”到论坛中。

论坛系统中由网民“创作”的内容包括“帖子”正文、用户昵称、个人简介、签名档等，系统还会对资深用户给予积分或星级评定。简洁型的论坛系统只保留“帖子”正文和发帖人“昵称”，省略其他内容，也被称为“贴吧”，如“百度贴吧”。还有将论坛应用嵌套在各种漂亮的场景和游戏情景之中，同时整合短信息和邮件等服务，甚至还有些论坛和聊天应用被整合到网络游戏场景中，这些都可统称为“虚拟社区”应用。如“天涯社区”是国内人气极旺的论坛社区，又如“第九城市”、“Secondlife”等网络游戏型虚拟社区等。

论坛往往是由一些有共同爱好和志向的人共同发起建立，对所有人开放。网络上各方面的话题都不乏热心者，因此，论坛常也被用来群聚人气、分享话题。如“广州妈妈网”、“番薯窝——明星粉丝网”、“博派专利论坛”等。

三、论坛和社区应用注意事项

在论坛社区中发帖需注意：

(1) 有的论坛为了节约主机空间，提升网页浏览速度，不允许帖子中出现图片、动画、视频等多媒体内容。这时作者可以尝试将这些内容以代码嵌入的方式，引用别的网站内容进行帖子内容的撰写和编辑，或者将相关内容以超链接的方式提示网友点击到别的网站阅读。

（2）个人签名档的设计要精练，不要太花哨。否则，发布的帖子正文可能还没有签名档内容丰富和抢眼，有喧宾夺主的感觉。

（3）论坛是网民聚会的虚拟的公共空间，要遵守该论坛的管理规范，言论不应引起公愤，论坛管理员和版主有权对不良内容的帖子进行删除，情况严重的发帖者会受到限制发言、封IP、删用户等处罚。

论坛和虚拟社区类应用与即时通信、短信、彩信和电子邮件应用有着明显的区别。后者都是某网民针对特定人或人群的沟通工具，读者指向性明确、互动时效性强。前者与后者的区别在于：首先，虚拟社区应用人群具有群聚性、公开性，而非两两互动的形式；其次，论坛社区内成员身份固定，网文来源可查，非由不固定的人群组成的网络即时聊天室；再次，社区成员进入虚拟社区后，通过浏览他人的帖子，能感受到其他成员在社区内的“行为”模式和存在，不需要得到对方的应答才知其存在。

第六节 博客

一、博客应用概述

博客和播客都是为网民提供的个人“自媒体”应用。其初创者的设计初衷是为那些不具备网站设计和网页制作能力的网民提供一种不需具备任何编程知识即可制作出属于自己的网文发布和自我展示的“傻瓜化”应用平台。自博客和播客流行，早期的“个人主页空间”逐渐被取代，如上章例3、例5。

“博客”是由英文单词blog音译而来。blog是weblog的简称，而weblog则是由web和log两个英文单词组合而成。weblog就是在网页上发布流水记录，以时间为序撰写“网络日志”，简称为“网志”，台湾译为“部落格”。

但博客并不是简单的“网页版个人日记”，除了可以在网页中添加文字外，博客还提供了相册、音频、视频等多媒体内容，这些内容均允许浏览者跟帖留言。许多博客系统还提供了“博客圈”功能，可以将本博客和好友们的博客相互串接起来，也可以与众多好友一起加入某个博客群，以便分享博文和读者群，扩大自己博客的影响力。

“博客”一词当名词用，可以指“博客”应用本身，如“我常用博客写博文”，也可指拥有博客或经常撰写博文的人，如“我是博客，你也是博客”；当动词用，可以理解为在博客系统中发表文章的过程，如“今天你博客了吗？”

2002年，著名IT评论人方兴东、王俊秀率先搭建了首个中文博客网站——“博客中国”，并将英文blog翻译定名为“博客”，被誉为“中国博客之父”。现在网络上流行的博客平台主要有新浪博客、搜狐博客、网易博客、腾讯Q-Zone空间、MSN Spaces、和讯博客、博客网、51. com等。各家网站的博客平台由于大致采用相似的应用模式和技术，相互之间可挂接。

二、博客应用入门

注册成功后，用户就拥有了一个唯一的博客地址，如guojingjing. blog. sohu. com。大多数博客都设置了“档案”、“日志”、“相册”、“音频、视频”、“共享文件夹”、“留言板”等栏目或功能，有些博客系统还提供“发送小纸条”、“RSS内容订阅”等功能。

通过博客主人对版面内容的设计，确定该博客的展示风格，然后在博客系统后台进行一番设置。整个博客版面显示的内容，如背景图片、栏目名称、博文排列顺序和位置、字体颜色大小等显示方式、好友链接、阅读权限等一一配置完成，一个属于用户自己的博客便正式开通了。博客的主人可以随时登录到博客中，发表自己的感言，全过程无须编程即可实现，简单方便。接下来就需要“博主”对博客进行日常维护和精心打理了，时常更新博客的内容是该博客吸引网民的必要条件。

博客通常被网民用来发挥以下作用：

（1）记录个人心情和感言，自我宣传。博客文作具有较高的原创性和较强的个人色彩。新浪博客服务开通后，曾发动了许多公众人物和影视明星开通博客，撰写博文。

（2）就某事发表看法，给予回应。由于博客具有“个人官方网站”的属性，一些“博主”特别是公众人物往往将博客作为其对外发布消息的媒体窗口，同时利用博客与他们的读者和“粉丝”交流互动。如影视明星徐静蕾的“老徐博客”被认为是我国首个累计网民点击超过一千万次的个人博客，这是我国博客应用发展史上的里程碑事件。由此在网络写作领域诞生了一个新职业——“博客经纪写手”，即由名人指定授权，通过本人口述，由“博文写手”代为撰写和发布博文。

（3）积累和传递知识，分享经验。志同道合的一群人建立博客后共同加入某博客圈，就共同关注的专业问题发表看法，分享各自的感悟、素材和研究成果。这些博文的内容往往具有相对高的专业性，对其内容感兴趣的特定人群会经常浏览。

（4）广告传播和客户营销公关。博客好友之间形成的博客圈和好友链具有较强的互动性，精彩的博文常会快速被网友分享。一些企业和品牌利用博客发布最新产品信息和品牌广告，与客户和营销渠道进行充分的沟通，使博客成为产品营销的窗口。热门的博客流量不亚于一个中型网站，因此，博文的内容也具有商业广告和市场公关价值。

博主们开通博客、撰写博文的目的多样，无论是记录心情、自娱自乐还是卿卿我我、趣味相投，无论是展示自我、广而告之还是呼朋唤友、指点江山，很多人开始写博客时并没有十分明确的目的，仅仅是兴之所至，因此，不同的博客点击率差异也很大。

三、博客应用的注意事项

热门的博客需要精彩的内容和精心的维护。

使用博客需注意：

（1）精心选题、定位准确。虽然博客是以博主个人为主线，但是博文的内容也不应该太过分散，建议思考该博客的读者人群定位，选择自己最擅长的主题来写，保持博文内容风格一致，突出自己的观点和个性，采用精练醒目的栏目标题和文章标题，尽量采用原创文章，内容真实，表达完整，善用图片、音频、视频等展现手段。这样才能使浏览者感觉有所收获。

（2）经常更新、注重推广。博主需要经常更新博文，以便吸引访客常来浏览和互动，要多与别的博客互动或交换超链接，也可加入更多网络社区，运用各种手段推介自己的博客，才能将自己的博客经营得“有声有色”。

（3）注意分寸、尊重他人。博客空间给了个人充分的发言权，但这不意味着言论的无限自由。博客主人的身份明确，每个博主都应当对自己博文中的言论负责，不可因想赚取更多点击率而危言耸听、哗众取宠，甚至侵犯他人隐私和名誉。否则，轻则导致网站管理员封闭其博客，重则可能导致法律纠纷。

四、播客应用概述

“播客”是英文 podcast 的直译，又被称作“有声博客”或“多媒体博客”。用户可以利用播客工具软件将自己制作的音频、视频等“广播节目”上传到网上与广大网友分享，其应用模式和功能与博客类似，主要区别在于播客更加多媒体化。

国外流行的播客应用网站有 iTunes. com，YouTube. com 等，国内主要的播客网站有土豆网 tudou. com、QQvideo、新浪播客、mofile. com、优酷等。

由于播客中的网络文作在应用和操作上均与“博客”雷同，这里就不再介绍。

第七节 威客和维基

威客和维基工具是会聚网民的智力，群策群力，共同对知识或智力问题进行互动解答的网络应用。网民可利用这类平台发布问题，向广大网友征集答案，或自愿将自己对某问题的看法提供给广大网友。

一、威客应用概述

威客，音译自英文 witkey，是 the key of wisdom（智慧的钥匙）的缩写，是指通过互联网把自己的智慧、知识、能力、经验转换成实际收益的人，他们在互联网上通过解决科学、技术、工作、生活、学习中的问题从而让知识、智慧、经验、技能体现经济价值。

威客网站提供给广大网民一个知识分享过程，用户按照其行为可以分为两类：回答者和提问者。提问者提出问题和发布任务，在获得合适的解决方案后支付报酬给回答者。回答者接受任务和回答问题，当回答者的解决方案得到提问者认可后，回答者获得约定的报酬。“任务”和“帖子”是流程中串接起多方互动沟通的载体，全过程类似“招标”、“应标”和“中标”。其基本流程是：任务发布者发布任务——→全额预付现金给威客网站——→众多威客参与任务——→任务奖金支付给作品最好的一名威客。

威客是有偿的智力服务，典型的威客任务如生活求助、起名、设计、撰写文章、程序设计、求好点子、征集广告语等。

目前，国际、国内的常见威客网站有 Google answer、雅虎知识堂、百度知道、QQ 问问、爱问知识人、任务中国、K68 威客网、猪八戒网站、淘智网等。

二、维基应用概述

维基也叫维基百科，是英文 wikipedia 的中文译名，“维”字意为系物的大绳，也做网解释，可以引申为互联网，“基”是建筑物的底部，引申为事物基本元素。“维基百科”引申为互联网中网聚人类基础知识的百科全书，它以“条目”为基本单位，试图让全世界范围内的网民对各种基本名词和概念进行解释。而且这种“名词解释”是完全开放的、民主的、没有权威和标准答案的、多人协作的、甚至永远没有完成时态的在线写作和浏览式的百科全书。

与威客不同的是，维基写作是完全无偿的，所以也就不存在“招标”、“中标”的流程。维基作品的“条目”和论坛的“帖子”最大的不同在于，论坛、博客中的帖子只有作者和网站管理员可以修改，其他人都只能是读者，而维基百科中的“条目”是任何网友都可以修改其内容的开放式知识库。简单地说，维基就是人人都可以参与编写的百科全书。

在维基页面上，每个人都可浏览、创建、更改文本，系统可以对不同版本内容进行有效控制管理，所有的修改记录都会保存下来，不但可事后查验，也能追踪、回复至本来面目。同一维基网站的写作者自然构成了一个社群，维基系统为这个社群提供简单的交流工具。

目前，条目资料最齐备的维基网站主要有维基百科官方网 wikipedia. com、mediawiki. org、维客中国等。还有许多专注于专业知识领域的维基网站，条目资料分类更加细致，如“天下维客”专注于分享计算机行业知识。

维基平台是网络写作者常用的参考资料来源地，特别是对一些基本概念和名词的解释，维基平台中往往具备了丰富的参考答案。有兴趣的网络写作者也可以参与某些维基百科的条目内容编制，将自己对问题的认识与网民们分享。

第八节　网络写作小结

一、网络写作行为的分类

网络写作是网民们互动沟通的主要行为体现，网络文作是各种网络应用工具的主要内容体现。

以上列举的各种网络应用并不能代表网络写作在互联网中应用的全貌，年轻而充满朝气的互联网上各种互动应用层出不穷，花样翻新。同时，这些网络应用模式也不是截然分开的，各种网络沟通应用往往也会混合交叉，融合运用。丰富多彩的网络互动应用正在给人们日常的写作和沟通带来深刻的变化。

回顾和分析互联网各种应用发展的短短历程，从网民沟通模式上分，大致可以分为三类：

第一类，点对点沟通。这种应用主要有早期的 telnet 聊天和 mud 游戏等，当下流行的即时通信、E-mail、手机短信等。

第二类，点对群沟通。这里的“群”是指特定对象人群，主要应用如向注册用户开放的各种形式的群组聊天室、邮件群发、短信群发、网站面向特定会员的内容发布等。

第三类，点对众或群对众沟通。即信息面向公众领域的发布，任何一个“大众”网民都可以浏览获知该信息。如经典的电子公告板 BBS 等论坛社区类应用。

二、网络写作应用的分化和演变

随着论坛 BBS 应用的日益细分，它所承载的内容和功能不断走向专业化应用，分离出各种丰富的网络应用。

（1）新闻发布类应用。具有 BBS 最基础的发布新闻功能，如 cnn. com、yahoo. com、新浪等新闻门户。

（2）电子商务类应用。源于在 BBS 中发布商品买卖信息，后又增加在线支付系统、物流系统等服务，形成完整的电子商务交易服务链，如 ebay. com、amazon. com、淘宝等。

（3）博客播客类个人媒体应用。源于在 BBS 中发布个人感想和可共享专业知识的功能。以个人身份为注册单位，以时间顺序聚合信息，将“帖子”串联起来，就成了博客的原型，如 blogger. com、liuxiang. blog. 163. com。

（4）智力互动问答等威客类应用。源于在 BBS 中发布科学、技术、工作、生活、学习中问题的应用，人们通过互联网寻求问题的解决方案或能够解决问题的人，为有偿服务增加了招、投标和费用结算功能，如 innocentive. com、answers. yahoo. com、witkey. com。

（5）热点点评类应用（DIGG，也称“掘客”）。起源于在 BBS 中对热点文章进行点评和讨论的功能，并按照网民对文章的点评和收藏热度自动编辑出个性化的网站页面，如 digg. com、douban. com（豆瓣网）。

（6）维基类百科协作式写作。源于 BBS 的帖子内容修改功能，通常 BBS 的帖子内容只有其发布者和网站管理员有修改权，维基类网站放开信息内容的修改权，让每个访问者都可进行内容的修订，如 wikipedia. org。

（7）SNS 互动社区应用。源于 BBS 的用户注册信息会聚功能，通过聚合注册用户的个人资料和展现其在网站的互动行为等手段，让网民能够在社区中更容易发现具有相同兴趣的人群和话题，如 facebook. com、www. myspace. com、校内网、开心网等。

（8）换客、拼客类分享应用。源于在 BBS 中用户相互交换物品和分享物品资源等功能，专门发布以物易物信息“换客”，发布拼车、拼物、合租类信息的“拼客”等，如 peerflix. com、swaptree. com 等。

（9）搜索引擎。源于 BBS 的站内信息索引功能，增加了对站外信息的抓取功能之后发展为搜索引擎门户。

虽然各种网络应用工具五花八门，概念不断翻新，但实际操作时却往往极易上手，许多网民不需经过特别培训，即可轻松使用。

网络写作在这些网络应用沟通工具中无处不在。了解和梳理各种网络应用工具，掌握网络写作的应用特征和规律，对熟练用好各种网络沟通工具、取得良好的网络沟通效果是大有裨益的。

思考与练习

1. 计算机和互联网为应用文写作带来了哪些新变化？网络写作和传统应用文写作有什么联系和区别？

2. 电脑写作、数字化写作、网络写作等概念有什么联系和区别？

3. 谈谈你对网络写作特点的理解，说说采用计算机和网络进行应用文写作的优点和特点。

4. 有人说网络写作的表达形式丰富多样，例如“ASCII 艺术”、“火星文”等表达方式形象生动、充满创意，也有人说这种不规范的文字表达方式容易引起误导，增加沟通障碍，是对语言文字标准的不尊重。谈谈你对这些现象的看法。

5. 结合你目前掌握的计算机网络操作知识，谈谈你日常的网络写作行为通常都出于什么目的？为了取得更好的网络写作应用效果，你还应该增强哪些方面知识的学习？

6. 举例说明你如何利用搜索引擎，通过最合适、最精准的关键字，在各大门户和专业网站中最快速地找到想要的参考资料和文献。

7. 课程老师布置了论文作业，要求撰写一篇关于本校大学生毕业前就业心态的调研报告，请你利用计算机设计一份调查问卷，并说说你打算如何利用校园互联网发放和回收有效问卷？

8. 开学伊始，你收集整理了全班同学和各科老师的通信录，其中包括个人电话、家庭地址、常用 E-mail、QQ 或 MSN 等内容，请你将整理好的通讯录通过网络发送给班上各位同学。在此过程中，你可以采用哪些网络写作工具？通过什么网络通信手段让全班同学都获得这份通讯录？

9. 为了通过学校图书馆内部网络或互联网，查找与你本专业相关的最新学术论文，你会登录到哪些网站或数据库？采取什么手段检索能查找到最有用的论文和行业信息？

10．校学生会、共青团和艺术团让你与某养老院联系，共同策划组织一次慰问孤寡老人的联欢演出。请你以这些机构的名义撰写一封电子邮件与该养老院领导说明缘由和来意，预约时间，在邮件附件中附上“活动日程安排表”文件。同时，将经确认的活动安排等内容撰写成通知公告，发布在校园网上。

11．请为自己撰写一份求职简历，包括自荐信、在校学习概况、参与专业领域的课程、科研项目和社会实践的心得等内容，说明自己求职的诚意，展示自己的长处，简历中必须包括你在互联网上发布的作品或文章的超链接。说说你应如何应用互联网了解即将应聘的公司和行业背景，查询招聘职位信息，如何利用网络与招聘单位取得联系，通过网络向该公司发送求职简历？

12．你班某同学参加校园歌手大赛，经多轮 PK 闯进决赛。为在全校宣传造势，你打算为他申请一个博客，代为撰写博文、编辑电子相册和管理好友的超链接。为充分展示歌手风采，博文中必须嵌入源自某个播客网站的视频文件。同时，利用校园网上已有的投票系统，鼓动“粉丝”们为他跟帖和投票。请你说说对该博客站点的设计制作和撰文心得。

13．你目前正与导师一起对某科研课题进行研究，某国外知名院校对你们的研究成果产生了兴趣，同时有一家国内的合资企业也希望和你们洽谈项目合作开发。请你以你的导师及学院科研组的名义，分别草拟两份 E-mail：一份是向国外院校申请该校的奖学金和留学名额；一份是向企业发出参观考察的邀请，以便加深了解，共同商议项目合作。

14．在校园网站的论坛中，你是版主，现面向全校同学开设《校园生活宝典》和《考研全攻略》两个栏目。为使该论坛内容更丰富，人气更旺，发挥更大的作用，你会采取哪些措施？谈谈你在网络论坛的日常版务管理中有什么心得体会。

15．时至新春佳节，请你结合本班实际情况，创作一条原创手机短信，发送给同班同学，为他们送上新年祝福。

16．教师节快到了，登录一网站下载一张手机图片到手机，输入祝福语后，配上背景音乐，连同图片制作成多媒体信息（彩信）发送给你尊敬的老师。

17．无论是网站内容发布、论坛、博客、IM 即时通信、SNS 社区、威客、维基还是短信或 E-mail，你平时最常用的网络写作和互动沟通的工具有哪些？结合具体应用实例，说出它们的应用特点。

18．当你在网络中发现某站点经常发布你感兴趣的内容时，你会如何订阅这些信息？当查询到很多有价值的文章时，你会如何把这些文章进行分类整理？如果你使用某些文章内容管理工具，说说使用这些工具的心得。

19．当你在生活、学习和工作中，遇到任何困惑或者想了解任何详细信息，你会如何利用互联网向广大网民或特定的人求助？结合一个实际例子，说说这个过程中的应用心得和收获。

20．你和同班同学共同在威客网站上承接了一篇市场调研和研究报告的撰写任务。课题小组成立了，你任组长，你应如何利用互联网工具与小组各成员进行日常协作分工和沟通协调，组织该项目顺利实施并最终交付给威客网站？同时，请谈谈利用文档编辑工具，如 Word 文字处理软件，进行研究报告的编辑排版的一些技巧和心得。

21．说说你最近在网络上看到的新鲜事物或创新应用，分析其内容的可信度或谈谈这种新应用的特色和创新之处。

22．通过你在网络上了解到的案例或结合你的亲身经历，谈谈你对网络虚拟空间中“语言暴力”和“人肉搜索”等现象的观感。说说你对遵守虚拟空间公共秩序，尊重他人、文明上网原则的体会。

附　录

毕业论文的写作

毕业论文指高等院校学生在毕业前独立撰写的带有学术性、总结性的文章。毕业论文分大学本科生毕业论文、硕士毕业论文和博士毕业论文。本文所阐述的是大学本科生的毕业论文。

《中华人民共和国学位条例》指出：高等学校毕业生的课程学习和毕业论文的成绩表明学生确已较好地掌握本门学科的基础理论、专门知识和基本技能，并且有从事科学研究工作或担负专门技术工作的初步能力就可以授予其学士学位。一般说来，合格的大学毕业论文就是学士学位论文。

毕业论文的撰写有利于巩固所学知识，培养学生的科研能力、创新能力，提高学术水平。学生在教师指导下，调动大学所学的全部知识，经过独立思考、深入探讨、潜心研究，拟制成文。作为一名合格的大学本科毕业生，必须独立完成一篇毕业论文，它是大学阶段学习成果的结晶，也是大学阶段学习成果的综合检阅。

选题

选题即选择研究的课题，确定研究的对象和范围。选题是论文形成的重要前提，也是关键的环节。因为课题一经选定，就决定了研究方向和目标。选准一个好的研究课题，对论文写作至关重要。爱因斯坦说："提出问题，往往比解决问题更重要。"

选题的总原则是有利于论题的完成，具体来说有下列四条：

1. 与所学课程相关

大学专业课程内容，都可以作为选题范围。学生回顾所学专业课程中哪一门学得最好，获益最多，哪位授课老师的学术造诣你最欣赏，估计该老师能给你指点迷津，你就可以选这一门课程的内容。这样既便于深入探讨，也便于请教老师。

2. 与兴趣爱好相一致

对毕业论文的选题有兴趣，就可以保证在规定的时间内较顺利地完成，这是不言而喻的。因为有兴趣，就会乐此不疲、孜孜以求；如果是不感兴趣的选题，硬做文章，就会索然无味，势必效率低下。

3. 要考虑自身的专长

专长即与众不同之处。古文基础好的同学或外语基础扎实的同学，不妨将所学专业知识与历史或与外国相联系进行考虑。如学金融的可以探讨古代的货币政策与当代货币政策的异同，或探究外国货币政策与我国货币政策的差异。

4. 要题小文大

本科生在大三时应该做过学年论文，这是做毕业论文之前的操练，还说不上有经验。毕业论文选题小了容易操作，可由易入难，由浅入深。贪大求全，就不易把握，往往铺得开、收不拢，更谈不上深刻。宁愿题目小一些，阐述得深刻一些，这样论文就有分量，若能写出自己独到的见解则更好。

写作步骤

1. 广泛搜集材料

北京大学已故知名学者王力说过：“你别看写出来的文章有一万字，几千字，收集的资料却有几十万字，这叫充分占有材料，材料越多越好，材料不够就写不好文章，只能放弃，等待采够了再写。”（引自《谈谈写论文》）

有了充分的材料，还要进行整理，这是一个“去粗取精，去伪存真，由此及彼，由表及里”的过程，层层筛选，沙里淘金，用百般挑剔的眼光进行选择。有关材料的作用、材料搜集整理的方法、选择材料的原则、材料的使用内容，本教材第一编第三章已有专题讲述，这里不再重复。

2. 确立论文主题

主题与选题不同。选题是确立论文写作的大方向，主题则是作者所要阐明的观点。主题的产生是作者在广泛阅读材料的基础上，经过比较、分析、概括、提炼而逐渐形成的，是深入思考的结晶。王力先生在《谈谈写论文》中还反复强调“搞研究工作最忌的是先有结论，然后找例证，这是很有害的”。又说：“凡是先立结论，然后去找例证，往往都靠不住，因为你往往是主观的，找一些为你所用的例证，不为你用的就不要，那自然就错误了。”所以他提倡：“我们搞科研，要先用归纳，再用演绎，不能反过来，一反过来就坏了。”写论文就是搞科研，不能例外。这是确立论文主题的方法。

论文的主题就是论文的总论点。一篇论文只能有一个总论点，总论点下面要设几个分论点，有时分论点下面还设有小论点。分论点、小论点是为充分论证总论点服务的。本科生毕业论文一般要 8 000 字以上，如果只有总论点，没有分论点或小论点，文章无法展开，深度也不够。

3. 编写写作提纲

写作提纲的拟写对疏通思路、构思布局、形成结构具有重要作用，它是论文写作的总体设计方案。提纲的拟制是用文字和序码将整个思路固定下来，使论证结构视觉化。提纲的产生是作者思考成熟的标志。

提纲分简单提纲和详细提纲两种。毕业生应先拟简单提纲，交指导老师审阅，提出修改意见，修改之后才能写详细提纲，详细提纲是论文的雏形。拟制提纲的意义在于使思路清晰、轮廓分明，保证论文写作的顺利进行。

4. 起草完成初稿

作者在执笔起草时，对所搜集的材料已经熟记于心，此时最好集中精力，依照提纲思路一气呵成，迅速完稿。如果找不到突破口，难以开头，可以先写本论、结论，再回过头来写绪论。这样，不至于因为开头的踌躇而阻碍了起草工作。

起草时要准确描述科研成果。论点的表述、论据的选择、图表的拟制、数字的引用等都必须准确无误，这样论文才有科学价值、实践意义。否则，别人对你的整篇论文都会持怀疑态度。

另外，要严密论证总论点。总论点是论文的支柱，只有经过严密的、滴水不漏的论证，观点才能立起来，支撑全文。这就需要作者充分运用逻辑思维，有理有据、层层深入地进行阐述，使读者认同、接受，直至引用。

最后，用语要恰当。毕业论文要表述比较复杂的理论问题，专业性比较强，作者应该善于运用深入浅出的语言进行阐述，增强文章的说服力。

5. 修改定稿

初稿拟就之后应该交给指导老师审阅，在指导老师提出修改意见后按其意见进行修改。这种修改往往反复几次才能最后定稿、誊清。此时论文才算最后完成。

后记

本书作者都是长期从事应用文写作教学的教师，本书熔铸了我们多年的教学心得。在编写过程中，我们首先注意吸收应用写作研究的最新成果，结合教学的实践，力求言简意赅地从理论上进行探讨和阐述。其次，注重例文的选择。既要符合体例，又要有时代气息，以利于学习者从中受到启发，得到借鉴。再次，精心拟制思考与训练题，题量大、题型多，以便教师选择使用和学生复习、巩固所学知识，从而达到提高应用写作能力的目的。

本书共分四编二十章，各章的编写分工如下：邹家梅第一编第一章至第四章、第三编、附录“毕业论文的写作”；陈延河第一编第五章、第四编；杨秋第二编。

本书在编写时，参阅了不少有关应用文写作著作，难以一一注出，特向有关作者致歉并表示感谢。因为时间及水平的限制难免有不尽如人意之处，望出版之后同行及读者能给予指正，以便有机会再版时修正和完善。

邹家梅

2000 年夏于暨南园

第三版后记

本书自2001年9月第一次印刷至今，已经印刷10次。最近，我们对该书的内容、范文做了较大改动，增添了第五编《网络写作》，使本教材更具有时代气息，更便于老师使用、学生学习。

本次修订具体分工如下：由陈江东负责撰写第五编网络写作。王玛丽负责第二编公文写作的修订，张效冬负责第三编业务文书的修订，陈延河负责第四编社交文书的修订，本人负责第一编修订及全书统稿。

书中不足之处，希望各位同行及广大读者批评指正。

邹家梅

2009年元月于暨南园